Viagem pela Luz das Estrelas

OBJETIVA

ALEX CAPUS

Viagem pela Luz das Estrelas

À procura da ilha do Tesouro

Tradução
Claudia Abeling

OBJETIVA

Editora Objetiva Ltda.
Rua Cosme Velho, 103
Rio de Janeiro — RJ — CEP: 22241-090
Tel.: (21) 2199-7824 — Fax: (21) 2199-7825
www.objetiva.com.br

Título original
Reisen Im Licht Der Sterne

Capa
Rodrigo Rodrigues

Revisão
Catharina Epprecht
Rita Godoy
Eduardo Carneiro

Copidesque
Fernanda Pantoja
Ana Luiza Assunção

Editoração eletrônica
Trio Studio

CIP-BRASIL. CATALOGAÇÃO-NA-FONTE
SINDICATO NACIONAL DOS EDITORES DE LIVROS, RJ

C249v

Capus, Alex
Viagem pela luz das estrelas : à procura da ilha do Tesouro / Alex Capus ; tradução Claudia Abeling. - Rio de Janeiro : Objetiva, 2009.

203p. ISBN 978-85-7302-952-9

Tradução de: *Reisen im licht der sterne*
Inclui bibliografia

1. Stevenson, Robert Loius, 1850-1894. 2. Escritores escoceses - Biografia. I. Título.

09-2281. CDD: 928.21
CDU: 929:821.111(411)

"O que ele está fazendo aqui nessa droga de ilha? ELE não está procurando por ovos de Páscoa. Um palácio e um exército de lambe-botas empoados o esperam em casa. Para não voltar para lá, deve ter um motivo muito do bom. Vocês podem me seguir?"

Capitão Davis em *The Ebb-Tide*, de Robert Louis Stevenson, escrito em 1890, no primeiro ano em Samoa.

Sumário

Prefácio
9

1 Pacificamente ancorado
13

2 Um lugar realmente esplêndido
28

3 A história de Fanny e Louis
40

4 A ilha do Coco
61

5 A ilha do Tesouro
77

6 "Quero crer no melhor"
91

7 O duende da garrafa
109

8 Onde está o tesouro?
115

9 A aventuresca viagem de Willem Schouten e Jacob LeMaire
123

10 “Alguém tem um parafuso a menos?”
133

11 Divina travessura
148

12 Raios e trovões
152

13 A ilha dos piratas
161

14 “Estou parecendo estranho?”
165

15 O duende da garrafa segue seu curso
169

16 O sopro que veio do mar
177

Epílogo
185

Agradecimentos
189

Notas
191

Bibliografia consultada
199

Prefácio

Meu pai é da Normandia, assim como o pai, o avô e o bisavô dele; todos homens grandes, fortes e severos, cuja quietude não é indício de algo em especial, mas apenas quietude. Nossa família costumava passar o verão numa pequena quinta na Baixa Normandia, herdada num passado remoto. Deve ter sido na manhã do dia 5 de junho de 1964, no vigésimo aniversário do Dia D, quando meu pai me colocou no banco de trás do seu Renault Dauphine vermelho-sangue, em seguida reservou o banco do passageiro para o seu pai e nos levou por estradas sinuosas em direção à costa norte; para onde exatamente, não sei. Tenho vagas lembranças de uniformes, sons de instrumento de sopro e discursos festivos. Lembro que foi neste dia que vi o mar pela primeira vez e que não o achei especialmente impressionante. Não esqueço a satisfação com a qual vovô, papai e eu vagueamos lado a lado pela praia, rangendo os pés na areia e procurando sinais da invasão dos aliados. Encontramos anéis e estilhaços de granadas, fivelas de cintos, cartuchos, projéteis, botões de uniformes, porcas, ilhoses. Couro ressecado, azinhavre, ferro oxidado. Metemos tudo nos bolsos de nossas calças, e imagino que nossas faces estavam ruborizadas — a minha pela alegria pueril, a do meu pai pelo embaraço com a ingênua caça ao tesouro e a do meu avô pela vergonha de nossa cobiça impiedosa.

À noite após o jantar nos sentamos um ao lado do outro em frente ao fogão aberto e olhamos fixamente o fogo. Tínhamos enterrado as mãos nos bolsos das calças e tateávamos nossos anéis e estilhaços de granadas, que havíamos, não sei por quê, escondido de nossas mulheres, mães e avós. A grande placa de ferro fundido que ficava na parede atrás do fogo irradiava um calor aconchegante — e talvez tenha sido naquela noite que vovô mencionou que por detrás de placas fundidas às vezes se escondem os maiores tesouros em ouro e prata. Compreendi que não podia haver esconderijo melhor do que esse, pois qual ladrão ousaria esticar seus braços através do fogo e tocar a placa quente de ferro?

Passaram-se 40 anos e 38 dias desde esta noite. Vovô morreu há quase vinte anos, e meu pai está bem mais velho; nesse meio-tempo, eu devo ter me tornado mais ou menos o que meu pai e meu avô foram algum dia. Porém, nesse momento em que escrevo estou separado desse fogão normando não apenas pelo tempo que se passou, mas, literalmente, pelo planeta Terra. Estou no outro lado do mundo em frente ao Hotel Outrigger, bem no alto de Apia, em Samoa, olho em direção norte para a imensidão infinita do Pacífico Sul e me entrego à divagação de que daqui até o Polo Norte, por quase um quarto do diâmetro da Terra, não há mais muita coisa. Uma porção de água, um pouco do Havaí e o estreito de Behring e depois os bancos de gelo.

Minha mulher Nadja está deitada na rede lendo, meus três filhos estão jogando futebol. Estou aqui para provar que a "ilha do Tesouro" de Robert Louis Stevenson realmente existe, e num lugar bem diferente daquele onde exércitos de caçadores de tesouros a procuraram por gerações — e que Louis passou os últimos cinco anos de sua vida em Samoa tão somente por este motivo.

E enquanto o sol desaparece no mar, meu coração se enche com as sensações daquela noite diante do fogão há quarenta anos: a satisfação pueril do caçador de tesouros, com o embaraço paterno sobre a própria atitude infantil e a vergonha de avô por eu remexer nas coisas dos que estão mortos há centenas de anos e que não podem mais se defender.

Apia, Samoa, 12 de julho de 2004.

I Pacificamente ancorado

Em 2 de dezembro de 1889, o *Equator* parou a 190 milhas do seu destino, sem conseguir avançar. O pequeno navio mercante, de menos de 70 toneladas, balançava sem sair do lugar no mar agitado. Rajadas de vento de todas as direções chocavam-se contra a vela que tremulava, e chovia forte num calor de 40 graus e cem por cento de umidade. Isso não era clima para um escocês de pulmões doentes como Robert Louis Stevenson; se tivesse escutado seus médicos, teria ido se tratar na atmosfera alpina fria e seca do sanatório de Davos, onde já tinha passado dois invernos e quase se curara. Em vez disso, estava sentado com as pernas cruzadas sobre a prancha úmida debaixo do convés, fumava um cigarro atrás do outro e escrevia uma carta a seu amigo de infância Sidney Colvin, professor de arte em Cambridge. Ele estava descalço, usando apenas uma calça listrada em preto e branco e uma camiseta sem mangas; uma faixa vermelha estava amarrada ao redor dos quadris. Ao seu lado, sua mulher, Fanny, mareada, dormia um sono inquieto, e ao lado dela, imerso na paz juvenil de seus 21 anos, estava Lloyd Osborne, filho do primeiro casamento de Fanny. O navio exalava um cheiro forte de coco, e fervilhava de piolhos e baratas do tamanho de um polegar.

"O final de nossa longa viagem se aproxima. Chuva, calmaria, uma rajada, um estouro — e o mastro da proa se foi; chuva, calmaria, uma rajada, e a bujarrona já era; ainda mais chuva, ainda mais calmaria e mais rajadas; um mar extremamente mexido o tempo todo, e o *Equator* dança como uma andorinha na tempestade; debaixo do convés forma-se um grande ambiente único, coberto por corpos humanos molhados, e chove a cântaros sobre a coberta gotejante. Fanny se mantém muito corajosa em meio a 15 homens. [...] Se tivéssemos um vento decente, estaríamos em Apia amanhã na hora do jantar. Mas ficamos balançando sem sair do lugar sem a menor brisa, e então o sol também volta a queimar sobre nossas cabeças e o termômetro marca 32 graus..."[1]

Havia um ano e meio que Stevenson estava percorrendo o Pacífico, tinha visitado as ilhas Marquesas, o Taiti, o Havaí e, por último, as ilhas Gilbert, escrevendo reportagens de viagens para revistas americanas. E a insatisfação era geral: os leitores das revistas estavam decepcionados porque o autor de *A Ilha do Tesouro* lhes impunha relatos tão enfadonhos e pedantes; os editores estavam decepcionados com o fracasso nas vendas; e mesmo para Louis o trabalho era uma obrigação penosa, por cujo fim ele ansiava. Queria voltar para casa, primeiro para Londres, depois Edimburgo. Naquele tempo ele não fazia quaisquer planos de permanecer em Samoa. E nada indicava que, apenas seis semanas mais tarde, aos 39 anos, ele investiria todos os seus recursos disponíveis na compra de um terreno num matagal intransponível e que lá passaria o resto de sua vida. Muito pelo contrário.

"Não quero passar muito tempo em Samoa. Até onde posso prever, devo concentrar meus estudos sobre a história recente da guerra. [...] É possível, ainda que improvável, que faça uma visita rápida a Fiji ou Tonga, ou mesmo a ambas; mas a impaciência de revê-los é crescente, e quero estar na Inglaterra no máximo em junho. Se Deus quiser, voltaremos para casa por Sidney, Ceilão, Suez e, quem sabe,

Marselha. Devo ficar um ou dois dias em Paris, mas ainda estou longe de tudo isso; embora cada vez mais próximo! Tão próximo que já ouço minha sege trepidando sobre a Endell Street. Vejo como a porta se abre, e sinto como desembarco e subo a escada monumental e — salve! — estou novamente em casa!"[2]

A calmaria durou mais três dias. Apenas na manhã de 7 de dezembro de 1889, no 26º dia no mar, avistou-se Upolu, principal ilha de Samoa, montanhosa, longa, estreita e coberta por uma selva fechada. Da terra vinha um cheiro de óleo de coco, de fogueiras, de flores tropicais e de fruta-pão, que estava sendo cozida sobre pedras quentes de basalto. A baía do porto estava delineada por uma única rua, coberta por pedras brancas de corais. Nessa rua, meio escondida por uma fila dupla de coqueiros, ficava a capital, Apia: algumas dúzias de casas de madeira pintadas de branco, quase todas ocupadas por europeus, a maioria alemães. A maior construção era a sede da "Sociedade Alemã de Comércio e Plantio para as Ilhas do Pacífico", originária de Hamburgo, mas com sede em Apia, que dominava o mercado de coco do Pacífico. Vizinhos a ela havia alguns telhados de metal ondulado, depois o consulado alemão, o inglês e o americano, seguidos da ordem francesa de padres católicos apostólicos romanos e algumas igrejas em pedras vulcânicas, bem como a agência dos correios, que ostentava uma tabuleta com a inscrição "Agência postal do Império Alemão", e mais cinco ou seis mercearias e lojas de utensílios domésticos. Isso não se parecia com uma cidade; antes com um balneário um tanto improvisado. Havia seis espeluncas e bares, que serviam gim, conhaque e soda, além de cerveja alemã (Flensburger e Pschorrbräu, a garrafa vendida por um marco e cinquenta, dinheiro alemão); mais adiante um salão de bilhar e uma padaria, assim como duas oficinas de ferreiro e duas instalações de debulha de algodão. Fora da cidade, ficava a choperia "Lindenau", cuja cerveja Pschorrbräu estava sempre agradavelmente gelada se o navio postal de São Francisco tivesse trazido sua carga mensal de gelo, e lá por perto o clube de boliche alemão mantinha sua pista. Naqueles anos, porém, a atração mais importante de Apia era o antigo carrossel a vapor no porto, última reminiscência de uma trupe americana de atores, que se desfez ao vento ao ser abandonado quando o diretor não conseguiu mais pagar os salários aos membros da companhia. Um dono de bar francês ficou com o carrossel por uma pechincha, e a partir daí ele funcionava todo fim de semana. Por 25 centavos, os jovens da cidadezinha ofereciam às namoradas uma volta em um leão selvagem ou em um nobre corcel, e enquanto o carrossel girava, o órgão anunciava sem parar que o coração dos homens é uma colmeia.

Quando o *Equator* entrou no porto perpassado por recifes de corais, alguns samoanos vieram a seu encontro em elegantes canoas, estreitas e leves. Eles cantavam, como cumprimento, canções saudosas e alegres em sua bela língua, que soava como italiano para os colonizadores alemães, e o ritmo ditava como os remos eram tocados na água. Os homens eram grandes e fortes e tinham tatuagens finas, parecidas com telas, dos quadris até os joelhos; parecia que usavam calções escuros longos debaixo de seus aventais. As mulheres traziam flores de hibisco no cabelo, e sua tatuagem era leve, com pequenas estrelas nos ombros, na barriga ou na panturrilha. Às canoas seguiu-se uma barcaça europeia; um homem grande, de chapéu-panamá, olhos azuis brilhantes e terno de linho branco estava em pé na proa.

Era o americano Harry J. Moors,* que vivia em Apia há 14 anos, mexendo com tudo o que de alguma maneira pudesse ser comprado e vendido. Arranjava cerveja australiana para os colonizadores alemães, lagostas da Nova Zelândia para os franceses, vinho tinto bretão para os ingleses e armas de fogo e algodão tingido para os samoanos. Vendia coco e abacaxi para o mundo todo e intermediava imóveis, cavalos de corrida, passagens de navio e créditos bancários. Harry Moors tinha várias filiais em outras ilhas e conhecia deus e o mundo no Pacífico Sul. Mexia secretamente seus pauzinhos na política colonial, contrabandeava armas para os rebeldes, organizava lutas e apresentações teatrais e acabaria administrando o primeiro cinema de Apia. Ele conhecia todas as fofocas dos trópicos, e evidente que sabia há muito tempo que Stevenson estava para chegar. Seu velho amigo Joe Strong, com quem havia passado várias noitadas de bebedeira no Havaí e que, por acaso, era o genro do poeta mundialmente famoso, tinha lhe pedido por carta para dar alguma atenção aos sogros durante as duas semanas que pensavam passar em Samoa. Ninguém imaginaria que as duas semanas se transformariam em vários anos. Quando a barcaça de Harry Moors atracou lateralmente junto ao *Equator*, os Stevenson rapidamente desceram até ele pela escada de bordo. Depois de breves cumprimentos, Louis pediu que fossem a terra sem esperar pela bagagem. Estavam navegando por quase quatro semanas e não viam a hora de finalmente sentir o chão firme debaixo dos pés. Harry Moors conduziu o barco com cuidado entre as carcaças de ferro de quatro navios de guerra, que ornavam a entrada do porto como bizarros monumentos.

* H.J. Moors (1854-1926) chegou em 1875 a Samoa como funcionário da Associação Comercial Alemã. Atualmente seu neto Patrick Moors dirige o Hotel Betty's em Apia. (N. do A.)

Nove meses antes, em uma noite de tempestade, os navios tinham emborcado em consequência da teimosia colonialista e da irresponsabilidade militar. Aconteceu assim:

Desde meados do século XIX, os povos de Samoa lutavam uma guerra sangrenta e fratricida. Para tanto, precisavam de armas, que os comerciantes alemães prontamente lhes forneciam — em troca da propriedade de terras, noção desconhecida aos samoanos. Em março de 1870, por exemplo, o escritório comercial Godeffroy & Companie, de Hamburgo, adquiriu na ilha principal Upolu, em Salefata, 1,3 quilômetro quadrado de terras, seus coqueiros, árvores de fruta-pão e um pequeno rio de água potável de primeira classe, a preço de uma pistola Snider e cem balas de munição — um negócio ainda mais vantajoso, pois a pistola vinha da sua própria fábrica de artefatos bélicos na Bélgica. Dessa e de outras maneiras semelhantes, a Godeffroy & Companie amealhou, em poucos anos, mais de cem quilômetros quadrados de terras, cerca de um quinto de todo o solo cultivável de Upolu. Assim, a ilha principal estava de fato em mãos alemãs, e a jovem potência colonizadora alemã assumiu o reinado da ilha como "território protegido". Tanto os chefes rivais samoanos quanto os colonizadores do Pacífico, Estados Unidos e Grã-Bretanha, rebelaram-se frente a isso. Quando o chanceler do *Reich* Otto von Bismarck reforçou os interesses alemães por meio do envio de três navios de guerra, o presidente dos Estados Unidos, Grover Cleveland, despachou uma esquadra para Samoa. Assim, em março de 1889, nove meses antes da chegada de Stevenson, havia seis navios de guerra no porto de Apia: a fragata norte-americana *Trenton*, acompanhada pela corveta *Vandalia* e a canhoneira *Nipsic*; do lado alemão, a corveta *Olga* e as canhoneiras *Adler* e *Eber*. O mundo prendia a respiração na expectativa da tensão que desencadearia a primeira guerra teuto-americana. Com alguns dias de atraso, em 15 de março, chegou ainda a fragata britânica *Calliope*, a fim de marcar a presença da rainha Vitória. Como o porto já estava bem cheio, a *Calliope* teve de ancorar na entrada, bem distante — uma humilhação que logo se revelaria proveitosa. Certa tarde, subitamente, os guinchos das gaivotas cessaram, o céu se tingiu de verde e todos os animais se esconderam no mato. Os capitães dos sete navios de guerra observavam preocupados como o barômetro caiu drasticamente para inéditas 29,11 polegadas de mercúrio. Todos concordaram que um furacão de imensas proporções estava se aproximando e que a única coisa sensata a fazer seria garantir a segurança das fragatas, corvetas e canhoneiras levando-as para o mar aberto. Mas o almirante americano Lewis A. Kimberley decidiu não sair do porto enquanto os alemães estivessem por lá. Por sua vez, o juramento do alto comandante alemão Ernst Fritze prestado ao imperador e à pátria o impediam de ser o primeiro a escapar do porto. Nessa situação, uma conversa franca teria sido útil, vital até; para isso, porém, faltavam a ambos os lados, em primeiro lugar, vontade, e em segundo, capacidade. O capitão Fritze era um homem reservado, que mal falava inglês e por isso não tinha como se aproximar do comandante americano. O americano, no entanto, também não dominava o alemão, mas, apesar disso, considerava o desconhecimento do inglês uma ofensa pessoal — assim, todos os seis navios alemães e americanos permaneceram entregues ao destino no porto, esperando o furacão a uma proximidade mortal dos bancos de coral. Durante a noite fez-se um silêncio pavoroso. O mar estava como chumbo derretido na baía. Os nativos puxaram seus barcos para a terra; tinham sido avisados há muitas horas, desde que milhões de baratas e formigas entraram em suas cabanas à procura de abrigo. O comandante da fragata britânica teve um estalo de último minuto e fugiu para o mar aberto, onde seu navio deveria resistir ileso à tempestade. Na noite seguinte, porém, um furacão abateu-se sobre os alemães e os americanos, empurrando uma maré assustadora para o porto norte da ilha. Ondas violentas quebraram nas praias, espuma e água invadiam a terra por centenas de metros sobre as rangentes casas de madeira dos colonizadores. Os navios debatiam-se na noite escura contra as massas de água, seus motores a vapor trabalhavam com força total e lutavam contra as ondas a fim de diminuir o ataque mortal às correntes da âncora — por uma noite, um dia e mais uma noite. As luzes já tinham se apagado havia muito; qualquer tipo de comunicação entre os navios, interrompida; e também a bordo não era mais possível, já que o furacão abafava na noite a transmissão das ordens dos comandantes. Em seguida, a água entrou nas salas de máquinas, apagou o fogo sob as caldeiras, as correntes das âncoras se romperam, os navios se chocaram mutuamente e contra o recife, parafusos de navios entortaram e lemes foram arrancados, e na manhã do terceiro dia de tempestade quatro navios tinham sido arruinados nos recifes e dois jogados na praia. Perderam a vida 51 marinheiros americanos e 150 alemães. Os dois navios encalhados na praia — o alemão *Olga* e o americano *Nipsic* — foram rebocados de volta ao mar duas semanas mais tarde. Os outros quatro permaneceram nocauteados e décadas mais tarde continuavam a obstruir as docas.* Na

* O *Nipsic* ainda serviu à Marinha americana por 20 anos no porto de Puget Sound (Washington), fortemente amarrado e coberto, como um navio-prisão. Em 1913 a Marinha vendeu o navio a um empresário da iniciativa privada, que o reformou como um rebocador. O *Olga* retornou a águas alemãs, serviu como navio-escola da artilharia no Báltico

Alemanha e nos Estados Unidos, o susto com a catástrofe foi tão grande que todos os planos de guerra foram encerrados e as ilhas de Samoa foram declaradas zona neutra.

Naquele 7 de dezembro de 1889 toda a cidadezinha mobilizou-se para saudar o *Equator* e os recém-chegados. Louis, Lloyd e Fanny fizeram um passeio de reconhecimento pelo lugar e deixaram que a colorida gente das praias que povoava a rua e os bares os observasse. Cerca de 300 brancos viviam em Samoa. Algumas dezenas eram comerciantes a serviço da Sociedade Alemã de Comércio; era possível reconhecê-los por seus ternos impecavelmente brancos, as maçãs do rosto bem barbeadas e os bigodes cuidadosamente aparados. Essa imagem oferecia um grande contraste em relação à maioria dos outros forasteiros, que não se barbeavam, vestiam-se da maneira mais confortável possível com pijamas desbotados e encontravam algum meio de subsistência como donos de pensão, pequenos lavradores ou comerciantes, que compravam cocos dos nativos e os revendiam à Sociedade Alemã de Comércio. Finalmente, como em todos os portos do Pacífico, havia também em Apia algumas dezenas de perdidos: marinheiros desertados, comerciantes falidos, artistas fracassados, prisioneiros fugitivos e aristocratas arruinados de todos os cantos do mundo, que haviam aportado aqui e que passavam seus dias e suas noites debaixo de telhados de folhas de palmeira construídos por eles mesmos, que se alimentavam de frutas silvestres da floresta e que eventualmente trabalhavam

---

e no mar do Norte, seguindo para desmanche em 1908. O *Adler* está até os dias de hoje no porto de Apia. Em 1971 seu casco preto ainda se destacava contra o céu; mais tarde foi coberto com areia e pedras vulcânicas no grande aterro do porto. Ele descansa no grande parque do estacionamento a leste do Banco Central de Samoa. (N. do A.)

algumas horas numa fazenda, caso não fosse possível conseguir *schnaps* de outra maneira.

Entre todas essas pessoas estava um homem discreto, em um terno preto bastante mal cuidado, que é preciso levar em conta: o missionário presbiteriano William Edward Clarke. Ele ainda se mantinha em segundo plano, mas dentro de três semanas se tornaria o melhor amigo de Louis. William Clarke tinha sido incumbido pela Sociedade Missionária de Londres para construir igrejas e escolas para os samoanos e, além disso, ocupar-se do bem-estar espiritual da população europeia. Tinha apenas 35 anos, mas sua barba grisalha pontuda fazia-o parecer bem mais velho. Ele chegara a Apia havia sete anos, juntamente com sua jovem esposa Ellen, com quem se casara três semanas antes da partida, em sua cidade natal St. Columb, na Cornualha. Clarke rapidamente se sentiu em casa em Samoa, mas sua Ellen não. Ela sofria com o clima mortal dos trópicos, sentia falta da família e dos amigos, carecia das comodidades da civilização britânica. Depois de apenas dois anos, ele pediu demissão e voltou à Cornualha com a esposa. Mas logo se sentiu irresistivelmente atraído de volta a Samoa. Por que exatamente não se sabe. Seja pelo fato de não suportar mais a formalidade inimiga dos sentidos de sua pátria, ou seja, pelo chamado de uma ideia, um objetivo, um plano — de qualquer maneira, já um ano depois, William e Ellen Clarke voltavam a Apia, em 17 de julho de 1887.

Muitos anos mais tarde, Clarke ainda se lembraria daquele primeiro encontro com Louis. "Um pequeno grupo de três europeus desconhecidos veio ao meu encontro, dois homens e uma mulher. Ela usava um vestido largo das nativas, um xale escocês brilhante nos ombros e, na cabeça, um chapéu de palha decorado com pequenas conchinhas das ilhas Gilbert. No pescoço, havia um colar de frutinhas escarlates, nas costas um bandolim. Seu cabelo era muito preto, o rosto queimado de sol. Brincos em forma de meia-lua, dourados, enfeitavam suas orelhas, e seus pés nus calçavam sapatilhas brancas de algodão. No meio do grupo, havia um homem alto, magro, de camisa de mangas, com uma capa de veludo jogada nos ombros. Ele usava um boné branco de velejador e calças de flanela também brancas, que algum dia devem ter sido limpas. Da boca pendia um cigarro, na mão balançava por uma alça uma câmera fotográfica. Um jovem andava à sua esquerda. Ele usava um pijama listrado — a vestimenta de lazer habitual da maioria dos comerciantes europeus no Pacífico Sul — e um chapéu de palha de abas largas e óculos de sol azul-escuros. Em uma das mãos ele carregava um banjo, na outra, um acordeão. Os três pareciam ter acabado de descer daquela pequena escuna, que agora estava ancorada tão pacificamente. Minha primeira impressão foi a de que eram artistas mambembes do teatro de variedades rumo à Austrália ou aos Estados Unidos, que viajavam a bordo de um navio cargueiro barato porque tinham pouco dinheiro."[3]

Naquela época, havia apenas um hotel em Apia, o "Tivoli", e não era muito limpo. Harry Moors convidou os Stevenson para, inicialmente, morar na casa dele. Se acreditarmos em suas memórias, ele se encantou por Louis à primeira vista: "Ele não era um homem bonito, mas sua presença tinha algo irresistivelmente atraente. Era como se o duende que nele habitava brilhasse através de seu rosto, e eu estava encantado por seus olhos vivazes, curiosos. Eles eram castanhos e extraordinariamente brilhantes, e pareciam penetrar as pessoas como os olhos de um hipnotizador. Percebi imediatamente que sua saúde não estava das melhores, pois estava escrito em seu rosto. Ele me pareceu muito nervoso, tenso e facilmente irritável. Quando o levei a terra, parecia enfraquecido; mas mal chegamos à rua — Apia é formada, por assim dizer, de apenas uma rua — ele começou a correr de um lado para o outro, de maneira mais animada, para não dizer excêntrica. Ele não conseguia ficar quieto. Mal chegou à minha casa, e me metralhou com perguntas, andava inquieto para cima e para baixo sem parar, falando de todos os assuntos possíveis sem qualquer relação entre eles. Sua mulher era igualmente elétrica, e Lloyd Osbourne não ficava para trás. A longa, solitária viagem de navio deve tê-los afetado bastante, e estavam felizes por terem voltado a terra."[4]

No dia seguinte, Louis foi até Moors, pegou um cavalo emprestado e começou, de forma muito responsável, as pesquisas para sua reportagem. Ele esperou a chuva parar e, entre dois pés-d'água, foi chapinhando na lamacenta rua principal no lado leste da baía, até o Colonel de Coëtlogon, o cônsul inglês, a fim de entrevistá-lo sobre o passado recente de guerras em Samoa. Em seguida, retornou galopando até a casa de Moors para transcrever a conversa; lançou-se novamente à sela para falar com o líder samoano Mataafa; apressou-se de volta à escrivaninha e anotou tudo; cavalgou novamente a largo galope no leste da cidade até o cônsul-geral alemão Becker; e de volta à escrivaninha; e em seguida ao cônsul norte-americano Harold M. Sewall. Durante uma semana, Louis esteve incansavelmente em trânsito — para lá e para cá pela única rua.

"Anteontem fui parado no meio da rua e punido com uma multa por cavalgar rápido. Confesso que fiquei bastante irritado; afinal, a esposa do diretor da Sociedade Alemã quase me atropelou por duas vezes — e parece que ninguém ousa falar com essa mulher."[5]

Assim passavam-se os dias. Mesmo no Natal a situação permanecia a mesma. Louis aprofundou-se na história de Samoa, mas sem desenvolver uma ligação especial com a ilha; e nada indicava que dali a apenas duas semanas os Stevenson se fixariam para sempre em Samoa. Em 29 de dezembro, Stevenson escreveu a um amigo de faculdade, o advogado de Edimburgo Charles Baxter: "Samoa, pelo menos Apia, é muito menos bonita do que as Marquesas ou o Taiti: a paisagem é muito monótona, as colinas são mais suaves, a natureza menos selvagem; além disso, há as grandes plantações alemãs com suas inúmeras e idênticas alamedas de palmeiras, que, por sua vez, tornam o passeio mais agradável. Não acho os samoanos especialmente interessantes, mas educados, e as mulheres são muito bonitas e bem-vestidas. Os homens têm boa compleição física, grandes, esguios e imponentes. Amanhã, segunda-feira — não tenho certeza absoluta, mas hoje é domingo entre Natal e ano-novo —, amanhã, ou seja, segunda-feira, vou fazer uma viagem de reconhecimento margeando a costa num pequeno bote com Mr. Clarke. Nós vamos procurar escolas, visitar Tamasese* e outras coisas. Lloyd nos acompanhará

---

* Tamasese era um chefe samoano de grande influência. Não se sabe se ele realmente se encontrou com Robert Louis Stevenson na passagem de 1889-1890. Historicamente afiançado está que Tamasese viajou para a Alemanha em 1910 a bordo de um vapor alemão carregado de cocos — uma visita de Estado, segundo ele. Depois da chegada a Hamburgo, porém, foi colocado atrás de grades no zoológico — juntamente com a esposa, o filho e as filhas, além de outras oito meninas e algumas crianças que os acompanhavam. Tamasese deveria distrair a população hanseática com dança, lutas e o preparo de *kava*, a bebida nacional. Como isso não parecia adequado a Tamasese, ele foi para a rua, entrou

como fotógrafo. Tomara que o tempo esteja bom. Estamos no meio do período de chuvas, e a viagem levará quatro ou cinco dias. Se não chover, serei agradavelmente surpreendido. Se chover, será horrível. Escrevo estas linhas da varanda de Moors. Um vento está soprando exatamente agora. As portas se fecham, e as janelas começam a bater. Uma forte corrente de ar passa pela varanda. Isso não é um bom prenúncio para amanhã."[6]

Isso é interessante: naqueles dias de Natal o missionário William Clarke e Robert Louis Stevenson tinham se tornado tão amigos, que empreendiam juntos viagens de reconhecimento. Seria interessante dispor de mais detalhes desse encontro dos dois homens — pois foi nesse dia que Louis decidiu permanecer em Samoa para sempre; uma decisão estranha, sem qualquer prenúncio anterior. Por que será que ele, que nos anos de juventude havia se voltado ao ateísmo, foi se encantar justamente por um missionário barbudo perdido em Samoa? Quais foram os propósitos e os objetivos da excursão? Quanto tempo durou? E quais eram os tipos de descobertas que queriam fazer, e o que exatamente os dois amigos descobriram nessa viagem?

---

no primeiro carro e gritou: "Otto Riedel!" Esse era o nome de um comerciante de Hamburgo que tinha trabalhado durante muitos anos na Sociedade Alemã de Comércio e de Plantio. O motorista desconhecido reagiu com muita presteza, procurou o endereço de Riedel na lista telefônica e levou o chefe samoano até a Adolphstrasse. A partir de ingerências de Riedel, o clã Tamasese passou a ser tratado de maneira mais digna. Em Munique, o rei Ludwig o visitou, em Berlim ele participou de uma parada no Tempelhofer Feld e foi apresentado ao imperador Guilherme II. (Otto Riedel: *A luta pela Samoa alemã*. Berlim, 1938, p. 218 e segs.) (N. do A.)

Infelizmente, o missionário Clarke não mencionou nem uma vez a excursão no seu relatório anual à central de Londres.[7] E também entre as fotografias de Lloyd não se encontra nenhum daqueles dias. Assim, as únicas fontes que restam são as anotações a mão de Louis, segundo as quais a viagem de reconhecimento alcançou algumas dezenas de milhas a leste da costa norte de Upolu, e que realmente vistoriaram escolas e visitaram Tamasese e "assim por diante".[8] A indicação de uma segunda viagem, que Louis supostamente fez um pouco mais tarde sem Clarke, é brevemente citada. Desta viagem sabemos apenas que se dirigiu, a princípio, na direção oposta, rumo à extremidade oeste de Upolu, a 30 quilômetros de distância. Difícil dizer qual era o objetivo pretendido. A oeste da ilha, a sequência de vulcões se transforma numa agradável paisagem de colinas, na qual a Sociedade Comercial Alemã implantou um coqueiral de muitos quilômetros quadrados. Não havia muito a se descobrir por lá. É bem possível que ele tenha deixado a costa de Samoa para trás, rumando para o sul depois de virar o cabo mais a oeste, a fim de visitar uma ou outra ilha perdida. E o fato é que Louis, imediatamente após essa viagem, decidiu investir todos seus bens na compra de um pedaço intransponível de selva.

2 Um lugar realmente esplêndido

Em 20 de janeiro de 1890, no mais tardar, Louis tinha regressado a Apia. Nesse dia, ele escreveu uma carta ao médico escocês Thomas Bodley Scott, contrariando tudo o que havia dito sobre Samoa até então: "O clima me agrada de tal maneira que decidi permanecer por aqui. Cheguei inclusive a comprar 300 ou 400 acres de terra; não sei exatamente quantos, só saberei quando tudo estiver devidamente mensurado. No próximo verão, voltarei rapidamente à Inglaterra para resolver minhas pendências."*

Assim, aparentemente, o mistério está resolvido. Foi o clima. O tempo agradável de Samoa influenciou Louis de forma tão positiva que ele quis ficar para sempre, mas isso é muito espantoso, pois mesmo nesse janeiro de 1890 o período de chuvas em Samoa foi marcado por um calor acachapante e aguaceiros parecidos com tempestades, bem como frequentes rajadas de vento e alta umidade do

* Na sequência, Stevenson descreveu ao médico como imaginava curar seus distúrbios respiratórios: "[...] O senhor ficaria mais tempo sem notícias do seu paciente relapso se eu não tivesse de compartilhar consigo uma descoberta médica. É que descobri que consigo me livrar quase imediatamente dos resfriados ao tomar extrato de coca; duas colheres de chá ao dia, em casos severos até três, num período de um a cinco dias, e o resfriado desaparece. Isso esquenta e traz alívio imediato, e mesmo causando grandes desconfortos, interrompe o avanço da doença. [...] Talvez uma dose mais alta, por exemplo a injeção de cocaína, tivesse um efeito ainda melhor." (*Letters*, vol. 6, p. 353.) (N. do A.)

ar.* Caso Louis realmente tenha achado o período tropical de chuvas agradável, ele atestava assim um gosto bastante extravagante, pouco difundido entre as pessoas. Em seu relatório anual de 1895, o vice-cônsul britânico escreveu: "O clima não permite a qualquer europeu trabalhar regularmente ao ar livre e se manter em boas condições de saúde. Alguns argumentam o contrário, mas quem conhece a terra sabe melhor." E em outras ocasiões Louis atestava francamente não ser um aficionado por chuvas de monções. Exatamente um ano mais tarde — o período de chuva estava novamente no auge — ele escreveu a Colvin: "Minha esposa está quase louca de dor de ouvido; a chuva cai como fios de cristal brancos sobre nosso telhado de zinco, e faz um barulho infernal na chapa de zinco; o vento murmura abafado sobre nossas cabeças ou nos atinge em cheio, e as grandes árvores gritam alto sobre os cavalos, esfregam as mãos e esticam seus longos braços de forma ameaçadora. Os cavalos ficam desnorteados no estábulo, os navios na baía somem em meio à chuva, e é assim o dia todo; eu tranco meus papéis numa caixa, caso passe um furacão e leve a casa embora. Vamos dormir com sentimentos muito contraditórios; é muito pior a bordo de um navio, onde só temos um perigo diante de nós, ou seja, o do afogamento. Aqui temos medo de que as vigas e o teto caiam sobre nós, e corremos às cegas no escuro por torvelinhos, procurando abrigo num estábulo inacabado — e minha esposa com dor

---

* Por acaso, exatamente nesse janeiro de 1890, foram tomados os primeiros registros climáticos, a pedido do serviço de monitoramento marítimo de Hamburgo. O responsável foi o doutor Bernhard Funk, o médico da Associação Comercial Alemã, que nos anos seguintes se tornaria, até o fim, o médico de Louis. As anotações manuscritas do doutor Funk estão armazenadas no Ministério da Agricultura e Meteorologia em Apia. (N. do A.)

de ouvido! Há sempre o ruído do vento sobre todos os outros ruídos. No meu inferno sempre haveria uma tempestade."[1]

O negócio foi fechado apenas no final de janeiro de 1890. O terreno que Louis comprara de um ferreiro escocês, que havia ficado cego, localizava-se a três milhas ao sul de Apia, aos pés do maior pico vulcânico. Era uma selva fechada e intransponível, e Louis pagou por ela quatro mil dólares — tudo do que dispunha. Ele não sabia como fazer frente aos custos da construção de uma casa. Preocupado, estimou que teria de escrever pelo menos dois ou três livros de muito sucesso nesse matagal.

"Comprei 314,5 acres (1,27 quilômetro quadrado) de terras maravilhosas na selva atrás de Apia. Depois vou construir uma casa por lá, arrumar o jardim e comprar animais, que nos servirão como moradia e fonte de comida. E quando Samoa sossegar politicamente, podem até gerar algum lucro. O terreno fica de 600 a 1.500 pés acima do nível do mar, tem cinco rios, cachoeiras, despenhadeiros e barrancos, terras férteis, cinquenta cabeças de gado já estão por lá (se alguém as pudesse reunir) e uma vista maravilhosa sobre florestas, o oceano, montanhas e os navios de guerra no porto: um lugar realmente esplêndido."[2]

A propriedade chama-se Vailima, o que Louis — e depois dele, todos os seus biógrafos — traduziu erroneamente por "Cinco rios",* e era abençoada por abacaxis crescendo de

---

* Vai = água, rio; lima = cinco, mão. Mesmo numa contagem generosa, não há cinco rios em Vailima; no máximo, três.
O real significado de Vailima é "água na mão" e se refere à lenda da bela virgem Sina, que viveu no lugar que hoje se chama Vailima tempos atrás. Ela era tão bonita que mesmo Tui Fiti, o rei de Fiji, tinha ouvido falar dela. Ele se transformou num polvo, nadou até Samoa e

maneira selvagem, cocos e cacaus, mamões e abacates. Havia mangueiras, árvores de fruta-pão, bananeiras, limoeiros. As laranjas eram duras e não comestíveis, mas seu suco era um xampu suave, que trazia suavidade e brilho sedoso aos cabelos. Inebriantes jasmins adocicados, gardênias e arbustos de hibiscos cor de carmim floresciam eternamente. Por todo lugar cresciam batatas-doces, melões e abóboras, que alguém, em algum momento, deve ter plantado na floresta. Louis estava satisfeito: "A floresta tropical é fantástica e seria bastante valiosa se crescesse ao lado de uma estação de trem."[3] Ele chamou dezenas de nativos para roçá-la. Logo surgiu uma clareira — que nos anos seguintes, porém, não seria submetida a uma ampliação, nenhuma das plantações de coco, abacaxi e banana daria lucro — e nesse lugar Louis mandou erguer um barraco como um abrigo provisório. Ele não mencionou em suas cartas que o lugar era amaldiçoado pelos nativos como campo de ação de *Aitu*, demônios de dois gêneros; pois supostamente há muito tempo moraram no lugar onde Louis queria construir sua casa um chefe canibal, que esticara uma corda sobre o terreno e devorava todos que ousavam cruzá-lo.

Quando um homem toma uma decisão estranha, pode ser útil procurar pela mulher que está por trás dele para entender melhor a situação. Caso houvesse uma mulher como

---

subiu o rio Vaisigano, que desemboca na baía de Apia no mar, até o lugar onde diariamente a bela Sina buscava água para sua família. O polvo e a moça apaixonaram-se ardentemente. Mas infelizmente ele só conseguiu restabelecer metade de sua forma humana; da cabeça ao quadril ele era homem, dos quadris para baixo, polvo. Dessa maneira, ficou preso à água. A moça, porém, visitava Tui Fiti todos os dias, e como prova de seu amor pegava água com as mãos e dava a ele de beber. (Informação de Naumati Vasa, professor de entalhamento tradicional e mitologia da Universidade Nacional de Samoa, Apia.) (N. do A.)

fator determinante, certamente não era a esposa de Louis, Fanny. Se dependesse dela, Stevenson nunca teria se fixado em Samoa, talvez nem tivessem viajado para o Pacífico, embora fosse uma mulher de beleza cigana de 50 anos, com olhos pretos e pele azeitonada, que gostava de andar descalça e de fumar, de manhã até a noite, cigarros que ela mesma enrolava. Mas não era mais nenhuma garotinha. Era mãe de três filhos, divorciada uma vez e casada pela segunda. Perdera a filha mais velha, Belle, para um beberrão e o caçula, Hervey, para a tuberculose, e só lhe restara Lloyd, que a acompanhava fielmente ao redor do globo. Ela teve de enterrar os sonhos de sua juventude — ser escritora, dançarina, artista ou ao menos uma costureira famosa — devido à falta de talento, coisa que ainda a afligia. Quando Louis a chamava, brincando, de "uma alma camponesa", porque sua horta vingava maravilhosamente, isso a atingia em cheio, e ela passava meses fazendo cenas horríveis para ele. "Eu odeio tanto ser camponesa", ela escreveu em 5 de novembro de 1890 no seu diário, "que quase fico feliz quando o trabalho no jardim não dá certo".[4] Nos últimos anos, ela tinha ficado mais cheinha ao redor dos quadris, e seu cabelo espesso, preto, ostentava um brilho prateado. Se Fanny ainda embalasse um sonho de vida, com certeza não seria um pedaço de matagal numa ilha do Pacífico, mas antes um salão britânico bem aquecido, com convidados cultos e empregados limpos. Desde o início da viagem, ela se queixava de tudo, fosse imaginário ou real. Fanny tinha pânico de tifo, cólera e elefantíase, assinava a revista médica especializada *The Lancet* e pressentia por toda a parte bichos nocivos, parasitas e insetos venenosos. Tinha medo de guerras, desastres naturais e racionamentos de alimentos e, em seu relacionamento com os nativos, nutria uma desconfiança profunda pela simpatia de bárbaros tatuados e indolentes para o trabalho. Certamente, tinha sido um alívio para ela desembarcar em Apia e colocar um fim provisório na viagem que contava no total 30 mil quilômetros pelo Pacífico, na qual ela tinha estado constantemente mareada. Mas isso estava longe de dizer que ela quisesse passar o resto de sua vida em Samoa. Se Louis saía comprando quilômetros e mais quilômetros quadrados de terras, isso sem dúvida não era desejo dela. E se ela soubesse que, nos anos seguintes, ele a deixaria cada vez mais a sós na floresta para seguir em viagens de exploração, ela certamente teria impedido a compra. Em Vailima, aconteciam coisas que davam sustos inenarráveis em Fanny. Nos dias mais pacíficos podia acontecer de se ouvir no jardim um solavanco estranho, vindo de debaixo da terra. Daí Fanny suspeitava de que debaixo de seus pés havia uma caverna onde negros armados com facas se escondiam — ou, ainda pior, que o solavanco viesse de um vulcão. E às vezes ela sentia tremores de terra intensos, curtos, e acontecia de um cheiro de enxofre subir às suas narinas, mesmo se nenhum fogo ardesse nas imediações.*

"Estou fazendo um sacrifício aqui", ela escreveu secretamente para a amiga Fanny Sitwell, na Escócia. "Só porque uso flores no cabelo e elogio a paisagem, não quer dizer que estou gostando. Os samoanos são pessoas pitorescas, mas não gosto deles. Preciso organizar meu tempo de tal modo a não encontrá-los. Os únicos empregados que consigo aqui são jovens canibais negros. Tenho de assumir grande parte dos

---

* Doze anos mais tarde descobriu-se que o medo que Fanny sentia de vulcões não era tão despropositado. Em outubro de 1902 um vulcão eclodiu na ilha vizinha Savaii, cobrindo grande parte das plantações alemãs com um metro de lava. (Fanny e Robert Louis Stevenson: *Our Samoan Adventure*. Nova York, 1955, p. 74 e segs.)

trabalhos domésticos, assim como a maior parte das tarefas na cozinha. Nossa terra precisa dar alimentos o suficiente para todos nós, senão não teremos nada para comer — e essa também é minha responsabilidade. Ah, não quero falar sobre isso; sinto-me sempre pior depois. Não quero me queixar, realmente não, e estou contando apenas para você. Quero que Louis e o mundo acreditem que gosto de estar em Samoa. Não quero que as pessoas pensem que estou me sacrificando aqui por Louis. Na verdade, não me sacrifico por ele; pois se consigo fazer algo por ele, isso me dá prazer e não é o sacrifício que seria se eu fizesse para outro alguém."[5]

Nos primeiros tempos, Louis, Fanny e Lloyd passavam dificuldades em Vailima. Visitantes ocasionais relatavam que tinham de trazer o próprio jantar, pois os Stevenson se limitavam a dividir um abacate entre eles. Isso, entretanto, mudaria radicalmente em pouco tempo. Nos poucos anos que os Stevenson passaram em Samoa, a propriedade ficou tão próspera que mesmo os comerciantes europeus mais abastados e os chefes samoanos mais poderosos empalideciam de inveja.

Nos dois anos seguintes, ergueu-se na selva sobre Apia uma mansão de dois andares — muito espaçosa e com uma decoração luxuosa — nunca antes vista em Samoa. Em ambos os andares, uma varanda de quatro metros de largura estendia-se por toda a extensão da construção, da qual era possível se ter uma vista maravilhosa da baía de Apia. Banheiros e cozinha tinham água corrente. O saguão no térreo tinha 20 metros de comprimento e 30 de largura. O chão de parquê e o apainelado eram de sequoia californiana (*Sequoia sempervivens*) laqueada, muito apreciada nos trópicos como madeira de construção porque é resistente à infestação de fungos e cupins. O mobiliário seguia a linha inglesa, de mogno, pau-rosa e prata. Havia retratos de antepassados pendurados nas paredes, um pedestal que abrigava o busto de mármore do avô de Louis, Robert Stevenson, o inventor do farol intermitente, assim como uma reprodução em gesso de Rodin. A grande escada de vão livre, que levava do saguão até os cinco quartos e a biblioteca, era ladeada por dois budas birmaneses. Em um dos cantos, ficava uma lareira grande, de tijolos, provavelmente a única desse tamanho. Ninguém sensato tivera a ideia de implantar calefação no Pacífico antes. Mas como uma lareira era imprescindível na concepção escocesa de Louis de morar bem, Harry Moors teve de trazer esses tijolos da Nova Zelândia, o que custou mais de mil dólares. Infelizmente, a lareira não tinha boa exaustão, e sempre enchia a casa de fumaça e o dono desistiu do aquecimento logo após algumas tentativas. Os tijolos da lareira até hoje não juntaram fuligem.

Não havia estrada até Vailima; todo material de construção teve de ser transportado no lombo de cavalos desde o porto. Mesmo quando a casa de Stevenson já estava pronta, a procissão de caixas e barris até lá não tinha fim. Louis trouxe da Escócia alguns móveis de família — uma mesa de carvalho, cadeiras revestidas em couro, um bufê chippendale e uma cristaleira cheia de copos de cristal e porcelana chinesa. Em 1º de julho de 1891 também chegou de Edimburgo o antigo piano de seus pais; Louis o desejara ardentemente, embora ninguém tocasse piano em Vailima. Mês a mês o navio postal trazia tonéis de vinho francês e uísque escocês, caixas e mais caixas de charutos e cigarros, gelo californiano em grandes blocos, presunto de Parma, queijo emmenthal e chocolate da Bélgica. No estábulo havia geralmente três ou quatro vacas leiteiras, vários cavalos, porcos e galinhas. Como era impossível administrar tamanha propriedade sem ajuda, Louis e Fanny empregaram funcionários. No Natal de 1891, além de trabalhadores das plantações, Vailima contava com cinco empregados domésticos samoanos; um ano depois, eram 12. Harry Moors estimava que a construção da casa tenha custado por volta de 20 mil dólares, e o próprio Louis calculava que a despesa anual de manutenção da casa era de 6.500 dólares. Isso era muito dinheiro no final do século XIX.

Mas quando a casa finalmente ficou pronta, depois de muito esforço, a atenção de Louis se fixou menos no clima ou nas ricas flora e fauna, mas muito mais numa montanha chamada monte Vaea, que se erguia a 475 metros acima do nível da costa e que fazia parte dos domínios de Stevenson. Ao redor do cume circundavam fragatas, os flancos tinham a forma de rios de lava resfriados e eram cobertos por um denso e intransponível matagal. Pombas selvagens arrulhavam do alto da vegetação. "Acho que Stevenson deve ter subido o Vaea várias vezes", relatou Moors. "Ele me falou mais de uma vez da maravilhosa vista que se tinha 'da sua montanha'."[6]

Não havia uma trilha até o cume; deve ter sido uma tortura para Louis subir a encosta íngreme, debatendo-se com o matagal. É preciso supor que ele estivesse na companhia de dois ou três samoanos, que abriam o caminho para ele com facões; e várias vezes ele confiou ao enteado Lloyd que gostaria de ser enterrado lá em cima, no cume. "Embora a montanha estivesse no nosso terreno e sempre visível sob nossos narizes, Stevenson era o único de nós que chegou a escalar suas escarpas inclinadas. Contra seu desejo expresso, nunca consegui abrir entre o matagal uma trilha até o cume. Essa teria sido, evidentemente, uma tarefa terrivelmente cansativa; mas o que realmente me impedia era pensar na morte de Louis. Pois o que seria essa trilha senão o caminho para seu túmulo? Eu ficaria intensamente repugnado em trabalhar nisso. Embora eu o irritasse com minha postura, sempre fugi do seu desejo. Nos fins de tarde, enquanto jogávamos tênis na frente da casa, ele ficava andando de um lado para o outro na varanda, e eu percebia quantas vezes ele parava para levantar o olhar até o cume. A montanha era mais bonita à noite, quando a estrela da tarde aparecia sobre ela. Nessa hora Stevenson fixava seu olhar ainda mais longamente. Eu sempre tentava arrancá-lo de seus pensamentos, dirigia-me a ele e perguntava quanto estava o jogo, ou largava a raquete para ir até ele e distraí-lo."[7]

Gostaria muito de saber por que exatamente essa montanha — que para um espectador desavisado é apenas um monte como outros quaisquer —, por que essa montanha em especial atraiu de tal modo a atenção de Stevenson. Por que Vaea e não outra, entre todas as montanhas de Samoa, Havaí e Taiti? É interessante notar que Stevenson, que realmente registrava no papel tudo que o comovia, e queria ver impresso tudo o que tinha registrado no papel, não tenha deixado nem uma palavra sobre o monte Vaea em suas cartas, seus romances e suas reportagens.[8] E como não há testemunho escrito sobre o que naquele monte despretensioso tenha fascinado tanto o viajado artista, não resta outra alternativa senão uma vistoria no local.

Hoje duas trilhas para se fazer a pé sobem a montanha, a partir da casa de Stevenson; uma íngreme, para a qual é necessária meia hora, e uma mais suave, que leva exatamente o dobro do tempo. No cume está a tão esperada vista: ao norte os telhados das casas de Apia, a seguir o porto e a imensidão do oceano; a oeste, encostas cobertas por florestas e picos agudos de montanhas; ao sul vemos outra sequência de montes, e alguns metros a leste de Vaea passa o caminho que, na época de Robert Louis Stevenson, era a única trilha na costa sul.

Mais adiante na direção sudoeste, logo após o horizonte, a 267 quilômetros de distância, há uma ilha pequena, em forma de cone. Nos dias de tempo bom, um barco a vela ou um pequeno barco podia alcançá-la, sem maiores dificuldades, em dois dias; as velozes canoas samoanas deviam vencer o percurso em menos de 24 horas. A distância, essa ilha parece ser formada apenas por vulcões inativos, tão comuns no Pacífico. Ela fica 560 metros acima do nível do mar, tem 3 quilômetros e 400 metros quadrados e é quase inabitada; hoje se chama Tafahi e pertence ao reino Tonga. Dezenas de tongoneses plantam baunilha no noroeste da ilha e pescam para consumo próprio. No lado sul, oposto de Samoa, existe, entretanto, uma praia deserta, que desde os dias de Robert Louis Stevenson está envolta por todos os tipos de lendas.

Poucos dias depois de assinar o contrato de compra de Vailima, Louis foi entrevistado por um repórter do *Sydney Morning Herald*:

RLS: "Oh, sim, as ilhas são bonitas, tão bonitas que decidi torná-las meu novo lar. Não é fácil comprar terras nas ilhas do Pacífico, mas por sorte encontrei um local adequado em Samoa."

Repórter: "Mas o senhor acredita que a situação em Samoa já voltou a ficar tranquila o suficiente para se morar lá?"

RLS: "Veremos. Vou tentar minha sorte."

Repórter: "Suponho que o senhor vá usar suas experiências nos mares do Sul no próximo romance. Caso já o esteja fazendo: o senhor já visitou alguma vez a ilha do Tesouro?"

RLS (sorri, divertido): "A ilha do Tesouro não fica no Pacífico. Na realidade, eu mesmo gostaria de saber onde encontrá-la. Quando escrevi o livro, tomei muitos cuidados para não dar pistas de sua localização, para que ela não fosse assaltada por caçadores de tesouros. Entretanto, a maioria das pessoas acha que ela fica no Caribe."[9]

3 A história de Fanny e Louis

Quando Louis chegou a Samoa, seu sucesso literário ainda era recente; o reconhecimento foi tardio e quase inesperado. Ele não sobressaiu como aluno no ginásio, não queria se tornar engenheiro e construtor de faróis como o pai e o avô,* e a graduação em direito na Universidade de Edimburgo foi concluída com relutância. O que mais chamava atenção no jovem bem-nascido era seu extravagante casaco de veludo azul, o cabelo na altura dos ombros e um ralo bigode; além disso, ele gostava de zanzar a noite toda pelos bares do porto e pelos bordéis de Edimburgo, tomando uma grande quantidade de cerveja, fumando haxixe e jogando conversa fora com marinheiros, cocheiros e prostitutas. Durante um longo tempo Louis foi muito apaixonado por uma moça alta e loira chamada Kate Drummond, que trabalhava ora na fábrica, ora na rua; o plano de tirá-la da sarjeta com o casamento foi impedido pela forte resistência dos pais de Louis, que eram calvinistas ferrenhos.

Durante o dia ele se dedicava à escrita. E sofria pela infelicidade de que aquilo que escrevia nunca estava à altura

* Os antepassados de Robert Louis Stevenson foram pioneiros na construção de faróis. Seu avô Robert (1772-1850) inventou a luz intermitente branca e vermelha ao fazer dois discos vermelhos, um sobre o outro, girarem ao redor da fonte de luz impulsionados por um mecanismo rotor. O pai de Louis, Thomas (1818-1887), instalou lentes de vidro que enviavam a luz, em feixes bem compactados, para bem longe no mar. Dos cerca de duzentos faróis que hoje existem na áspera costa da Escócia, 97 foram construídos pelos engenheiros da família.

de suas expectativas e, apesar disso, por não conseguir tirar nem as expectativas nem a escrita da cabeça. Louis não conseguia ter a mínima noção do que valia a pena ser escrito. Aqui e ali ele montava pequenos tratados, claudicantes, sobre o heroico passado da Escócia, que às vezes eram até publicados por essa ou aquela revista acadêmica. Certa vez ele escreveu um libreto de ópera, do qual não restou nada além do promissor título "A batata podre". No verão, percorria a Floresta Negra a fim de coletar material literário, fazia um cruzeiro pelas ilhas Hébridas ou atravessava os rios da Bélgica e do norte da França de caiaque; e depois de voltar para casa, escrevia relatos de viagem — belos, porém autocentrados. Nenhuma frase sobre piratas, nenhuma palavra sobre dobrões de ouro espanhóis, nenhuma sílaba sobre esqueletos ou ilhas solitárias.

Nada indicava que Louis viria a escrever algo além de pequenos ensaios de estudante, apáticos. Mas então, no ano de 1883, foi lançado seu primeiro romance: *A Ilha do Tesouro*. Uma história para meninos. O livro era o extremo oposto de tudo o que ele tinha escrito até então — nada de sabedoria oca, nada de encadeamentos vazios de palavras, nada de autoanálises vaidosas, mas uma aventura direta, emocionante.

O que tinha acontecido?

Até o final de sua vida, Louis reiterou que *A Ilha do Tesouro* não era baseada num modelo real, que o romance era todo inventado — e composto por pedaços roubados de outros escritores. No seu quarto ano em Samoa, ele escreveu em um espirituoso prefácio a uma nova edição: "Frutas roubadas são sempre mais doces. E assim acabei chegando a um capítulo penoso. Sem dúvida, o papagaio tinha sido antes de Robinson Crusoé. Sem dúvida, o esqueleto veio por intermédio de Poe. Não me preocupo muito com isso, pois são coisas menores e detalhes; e ninguém pode reclamar o monopólio dos esqueletos para si ou se apoderar de todos os pássaros falantes. A paliçada, me dizem, veio de *Masterman Ready*. Pode ser, para mim tanto faz."[1]

Sabe Deus que tanta franqueza não é habitual entre escritores e ela acaba gerando desconfiança. Já que ele estava confessando — então seria possível que ele tivesse mesmo montado a história a partir de pedaços roubados? Será que Louis não queria com isso encobrir o fato de que a ilha do Tesouro realmente existia, e que ele acreditava conhecer sua localização exata?

Os linguistas e os biógrafos discutem até hoje se Stevenson baseou-se em exemplos reais para a ilha do Tesouro e, se for o caso, quais foram. Alguns apostam nas ilhas Turks e Caicos, ao norte do Taiti, outros na Isla de la Juventud, em Cuba, ou na Isla de Caja de Muertos, ao sul de Porto Rico. Outros acreditam reconhecer nas descrições paisagísticas de Louis a costa da Califórnia, outros ainda supõem, curiosamente, que o poeta usou como modelo os arredores de sua cidade natal, Edimburgo.

Também é difícil de ser comprovada a lenda mais romântica de todas: de que Louis teve a ideia para a ilha do Tesouro no final de 1879, quando encontrou no porto de São Francisco um marinheiro perneta, que acabara de voltar de uma infrutífera caça ao tesouro numa ilha deserta. Infelizmente, nesses cem anos, nenhum biógrafo conseguiu materializar o marinheiro perneta ou encontrar o bar onde a conversa teria se passado. Mas uma coisa deve ser comprovada aqui: que o navio de caça a tesouros, do qual o perneta poderia ter sido tripulante, sem dúvida existiu e que Louis conhecia sua história.

Está confirmado que naquele final de outono de 1879 Louis realmente ficou matando tempo no porto de São Francisco, esperando pelo dia em que Fanny se divorciaria para ficar livre para ele, pois ela ainda estava casada com um soldado charmoso e simpático, porém incansável, chamado Samuel Osbourne. Fanny tinha 16 anos e andava com pernas-de-pau sobre os campos da fazenda dos pais em Indiana, quando o belo tenente passou a cavalo. Ele usava uma barba pontuda, alourada, e uma jaqueta azul com botões de metal amarelo, e era apenas três anos mais velho do que ela. Os dois se casaram, por assim dizer, no minuto seguinte. No começo, Fanny estava feliz. Samuel Osbourne tinha um bom salário como secretário particular do governador de Indiana, era loiro e bonito, gostava de rir e era um marido atento. E alguns meses depois do casamento, quando a filha Belle veio ao mundo em 18 de setembro de 1858, ele se revelou um pai carinhoso. Tudo ia às mil maravilhas — se de tempos em tempos a mais pesada das melancolias não pairasse sobre o humor solar do tenente. Sempre de maneira inesperada e sem qualquer motivo aparente, mas com a constância das estações do ano, a alegria de Samuel transformava-se em desespero. Então, ele procurava se salvar, rompia todas as ligações que construíra e abandonava todos de quem gostava e lhe eram queridos. Afastava-se do cargo de secretário particular e entrava na guerra civil em favor dos estados do norte. Procurava sua sorte nas minas de prata de Nevada ou nas florestas do Canadá — ou sumia no apartamento de alguma amante, as quais tinha muitas. Fanny ficava para trás todas as vezes e esperava — uma semana, três meses, meio ano, embora razoavelmente segura em termos financeiros com o pagamento dos salários de Samuel. E para fazer o tempo passar mais depressa, ela visitava as belas costas, começou a pintar e a desenhar aquarelas e, provavelmente, se consolava com esse ou aquele admirador cultivado — mas quando Samuel Osbourne finalmente estava de novo à porta, ela sempre o deixava entrar. Depois de dez anos de casada, Fanny deu à luz seu primeiro filho, Lloyd, e três anos mais tarde a Hervey, delicado como um anjo, eternamente enfermo. No décimo oitavo ano de casamento, quando Samuel Osbourne ainda não tinha se afastado de suas amantes, Fanny decidiu que era a hora do basta. Em 1875, porém, uma separação seria uma catástrofe para uma honrada filha de fazendeiros. Desse modo, o casal decidiu que Fanny faria uma viagem de estudos para a Europa, a fim de ter aulas de pintura. Em julho de 1875 ela embarcou em Nova York, junto com os três filhos, em um vapor rumo a Antuérpia, e Samuel ficou sozinho. Mas mal ela deixara o lar marital, sua amante atual se mudou para lá — tudo minuciosamente observado pela vizinha Catherine McGrew, que tinha recebido ordens de Fanny para comunicá-la sobre todas as informações dessa natureza. Chegando a Antuérpia, Fanny e Belle se dirigiram à Real Academia de Arte, para se inscrever em pintura — e foram obrigadas a perceber que o estudo não era facultado às mulheres. Assim, continuaram seu caminho até a liberal Paris, onde mãe e filha foram acolhidas na Académie Julien. Lloyd, de 8 anos, frequentava a escola fundamental, fez amizades com meninos da mesma idade e aprendeu francês rapidamente. Mas o delicado Hervey sofreu muito com o rude outono europeu. Ele tinha frequentes crises de febre e tosses terríveis, que o mantinham acordado durante noites e nas quais ele chamava sem parar pelo pai, para desgosto de Fanny. Em outubro, o pediatra diagnosticou tuberculose e deu poucas esperanças à mãe. Em março de 1876 Fanny telegrafou a Sam Osbourne, e ele veio imediatamente. Ao chegar, três semanas mais tarde em Liverpool, outro telegrama o aguardava: "Ele ainda vive. Fanny." Sam Osbourne chegou a Paris ainda a tempo de abraçar Hervey com vida. O menino morreu em 5 de abril de 1876, às cinco da manhã. Os infelizes pais enterraram Hervey no cemitério Père Lachaise. Como tinham pouco dinheiro, precisaram escolher uma cova mais barata, onde os restos de Hervey seriam exumados em cinco anos e, em seguida, empilhados nas catacumbas de Paris. Fanny e Sam passaram algumas semanas juntos em Paris, passearam durante horas pelas margens do Sena e tentaram, em vão, perdoar-se um ao outro. Em julho, ele voltou a Califórnia.

O primeiro encontro entre Fanny Osbourne e Robert Louis Stevenson aconteceu poucas semanas depois numa colônia de artistas em Grez, perto de Fontainebleau, onde Fanny, Belle e Lloyd passavam o verão. Nos dias ensolarados, Fanny levava seu cavalete ao ar livre, para pintar uma ponte medieval em forma de arco ou os camponeses no trabalho. Enquanto isso, Lloyd pescava com as crianças do vilarejo no rio, e Belle, de 17 anos, que tinha agora quase metade da idade da mãe e herdara sua beleza mediterrânea, flertava com os inúmeros aspirantes a artistas, mais ou menos talentosos, da colônia. Aconteceu em uma noite de julho logo depois do jantar, quando um recém-chegado entrou no restaurante do Hotel Chevillon, não pela porta, mas pela janela. Ele estava usando uma jaqueta de veludo azul e uma mochila empoeirada, tendo sido efusivamente cumprimentado pelos hóspedes. Fanny, entretanto, não se impressionou tanto assim com a entrada extravagante. "Um sujeito histérico", ela escreveu a um admirador na Califórnia, "um escocês alto e magro, o rosto parecido com o de Rafael, que estragou sua saúde com muita erudição e libertinagem, e agora está morrendo de tuberculose. Louis é herdeiro de uma grande fortuna, mas não vai viver o suficiente para usufruí-la. Seu pai e sua mãe são primos e ambos se encontram no limite da loucura, e o filho certamente os superou. Gosto muito dele. Ele é o homem mais divertido que já conheci. Eu só gostaria que ele não ficasse o tempo todo se desmanchando em lágrimas nos momentos mais inesperados; isso é tão constrangedor. Não dá para saber o que fazer — oferecer-lhe um lenço ou desviar o olhar para a janela? Como meu lenço geralmente está preto de lápis para os olhos, geralmente decido pela última opção".[2] Ela achava os ataques histéricos de riso de Louis igualmente estranhos, e ele só conseguia parar de rir curvando os dedos da mão para trás até que doessem.

Louis também não se apaixonou por Fanny à primeira nem à segunda vista. Inicialmente, foi antes a filha que tinha chamado sua atenção; ela era apenas oito anos mais jovem do que ele, enquanto a mãe era dez anos mais velha. Mas Belle também não demonstrou nenhum interesse sensual por ele. "Ele é um cara feio muito simpático. Eu trocaria o livro mais interessante por uma conversa com ele."[3]

Não se sabe quantos meses demorou para que Fanny e Louis se interessassem um pelo outro. É certo que ele passou o inverno de 1876, 1877 e 1878 em Londres e Edimburgo junto aos pais, mas a primavera, o verão e o outono passou com Fanny, em Paris ou na colônia de artistas de Grez. Nessas ocasiões, ele ficou muitas vezes doente — uma vez por febre alta, outra por uma infecção na córnea, que ameaçava lhe tirar a visão. Fanny estava sempre disposta a acolher Louis em sua casa e a cuidar dele com um desvelo materno, sem se importar com sua fama de mulher casada.

Mas quando a gratidão de Louis se transformou em paixão sensual, Fanny certamente deve ter se divertido ao tomar conhecimento do flerte juvenil. E quando o paciente insistia na separação, para que pudessem subir ao altar, ela o dispensava prontamente. Mesmo com todo seu amor pela boemia, Fanny não queria colocar seu destino de mulher na mão de um garotão extravagante, de futuro profissional incerto e reduzida expectativa de vida. Mesmo assim, ela se deixou convencer a acompanhar Louis até Londres e conhecer os amigos dele. "Ela era uma pessoa tão vivaz quanto Stevenson", lembra-se Sidney Colvin, "pequena e morena, ansiosa e devotada, de corpo *mignon* e ágil. Ela tinha mãos e pés pequenos e bem modelados, que sempre estavam em movimento, e um cabelo preto cacheado. Todo esse visual fazia com que ela tivesse alguma semelhança com Napoleão, com o queixo enérgico e a bem desenhada região da boca e do nariz. Seus olhos eram misteriosos e sensuais, seu olhar às vezes irradiante, em seguida novamente carinhoso e triste."[4] O costume que Fanny tinha de enrolar e fumar cigarros durante todo o dia, bem como sua disposição para ensinar a todas as damas e cavalheiros de Londres esse talento manual, deixava uma impressão marcante. Louis estava feliz e pintava o futuro da maneira mais colorida possível.

No entanto, do outro lado do oceano Atlântico, Samuel Osbourne perdeu a paciência, chamou a esposa com os filhos de volta para casa e, para reforçar sua ordem, interrompeu os pagamentos mensais. Fanny tomou sua decisão rapidamente: em 15 de agosto de 1878, depois de três anos na Europa e um pouco antes do início dos temporais de outono no Atlântico, passando por Queenstown e Nova York, ela voltou à Califórnia, para o lado do marido.

Louis permaneceu em Londres, arrasado.

Seus amigos ficaram admirados pelo tanto que ficou deprimido por causa de uma mulher casada e com filhos, já um tanto grisalha, de pernas curtas e que morava do outro lado do mundo; alguns supunham que ele se torturava mais pelo sentimento de honra do cavalheiro vitoriano, que se sente obrigado a se manter fiel à dama que desonrou, do que por amor de verdade. Louis se sentia muito incompreendido. Como não podia esperar consolo nem por parte dos amigos nem da família, viajou ao sul da França para caminhar solitário pelos vales selvagens das Cévennes.[5] Durante um mês, ele se preparou cuidadosamente para a caminhada. Mandou costurar um saco de dormir que ele mesmo tinha inventado, de quase 2 metros de comprimento e largura, revestido externamente por um tecido verde, impermeável, de barraca, forrado com pelo de carneiro tingido de azul e com um amplo capuz avantajado, que podia ser montado como uma pequena barraca em caso de chuva. Em caso de emergência, duas pessoas podiam se abrigar lá, como Louis divulgou às pessoas. Entretanto, o saco de dormir acabou ficando tão pesado que o jovem literato não conseguiria carregá-lo para muito longe. Então, por sessenta francos e um copo de conhaque, conseguiu uma pequena jumenta tranquila, "cinza-rato e não maior que um cachorro", batizou-a de Modestine, amarrou-lhe o saco de dormir nas costas e saiu em direção às Cévennes. Durante o dia perpassavam-lhe profundos pensamentos e sensações que, à noite, no calor do saco de dormir — sempre pensando em sua utilização literária — ele confiava ao seu diário. "Eu estava deitado lá, morto de cansado, fumando e observando as cores do céu, como chamamos o cosmo vazio, preto-nanquim entre as estrelas e vermelho-acinzentado entre os pinheiros. Poucas vezes estive tão próximo de mim mesmo e tão independente das coisas mundanas. Mas enquanto eu me regalava em minha solidão, conscientizei-me de uma falta singular: eu ansiava por uma companhia, que se deitaria ao meu lado sob a luz das estrelas, em silêncio e imóvel, mas perto o suficiente para ser tocada. Pois existe uma solidão a dois que é mais silenciosa do que a solidão propriamente dita e, se compreendida corretamente, apenas ela leva à solidão perfeita. E a forma de vida mais livre e mais perfeita é uma vida junto à natureza com uma mulher amada."[6]

Embora ele percebesse, com dor, que seu saco de dormir dimensionado para duas pessoas ficava metade vazio, ainda assim não escrevia sequer uma linha à mulher amada. "Nunca escrevo a F. Tudo o que podemos nos falar por carta já nos falamos. Nós nos conhecemos — o que mais temos de mostrar um para o outro? Não posso mudar tanto assim a ponto de ela não saber imediatamente e de não poder ler meus pensamentos."[7] Depois de 12 dias de marcha, percorrendo 120 milhas, o diário estava todo escrito e Modestine, no fim de suas forças. Louis a vendeu com um pequeno lucro e voltou para Londres. Nos meses seguintes, procurou emprego no *Times* de Londres como repórter e foi recusado. Tentou escrever peças de teatro, mas nada conseguiu produzir de aproveitável. Escreveu um ensaio, "Sobre o casamento", de caráter muito acadêmico devido à sua falta de experiência empírica no assunto. No começo de agosto de 1879, porém, exatamente um ano depois da partida de Fanny, Louis recebeu um telegrama. Fanny tinha voltado a dividir o mesmo teto com Samuel Osbourne, em Monterrey, a velha capital da Califórnia espanhola. E ela estava doente e infeliz.

Louis entendeu o recado — ninguém saberá se com razão ou não — como um pedido de socorro e partiu imediatamente.

Como não podia pedir dinheiro aos pais, que criticavam severamente o relacionamento extraconjugal, reservou uma cabine de segunda classe no deque intermediário de um navio de imigração barato. A viagem de Glasgow até Nova York a bordo do *Vedonia* durou dez tempestuosos dias. A maior parte dos passageiros era de escoceses, irlandeses e escandinavos. Louis podia ouvir o tilintar de seus talheres de lata através das finas paredes das cabines, o choro das crianças amedrontadas e o som das palmadas que recebiam dos pais mareados. "Quando andava pelo deque e observava meus companheiros de viagem, entendi pela primeira vez a essência da imigração. Habitualmente, pensamos no imigrante como alguém jovem, que vai abrir seu caminho na vida sem ajuda e contra todas as dificuldades; uma bela história de ambição, superação de dificuldades e, finalmente, sucesso. Meus companheiros de viagem, porém, formavam uma imagem significativamente mais prosaica. Poucos tinham menos de 30, muitos eram casados e carregavam toda a família. Alguns não estavam mais entre os tão jovens, a maioria gente calma, direita, obediente — pessoas de família, que tinham sofrido algum tipo de infelicidade, ou velhos solteirões, que não tinham encontrado um lugar na vida, ou pessoas que já tinham visto dias melhores. Em uma palavra, eu não estava participando de uma campanha de conquista, mas da fuga de um exército de derrotados. Embora eu já tivesse ouvido falar das muitas derrotas esmagadoras que a classe trabalhadora havia tido de suportar nas últimas décadas na Grã-Bretanha — de fileiras de casas completamente abandonadas, de onde se arrancaram portas e janelas para fazer fogo, de fábricas fechadas e greves inúteis, de homens sem-teto e menininhas famintas —, eu nunca tinha levado alguém assim para casa ou simplesmente imaginado com precisão o significado de tudo isso. Nesse navio, éramos uma sociedade de excluídos, bêbados, incapazes, fracos e perdulários, e íamos para um outro país porque não tínhamos conseguido nos estabelecer na pátria. Éramos um navio cheio de fracassados, os arruinados da Inglaterra."[8]

Durante a travessia de dez dias, Louis se alimentou de sopa, pão e mingau, além de biscoitos e uísque; quando o *Vedonia* entrou em Nova York, ele estava mais morto do que vivo. Mas muito pior seria o percurso de 11 dias até a Califórnia no trem dos imigrantes. Os vagões, que não paravam de chacoalhar, eram buracos pretos sobre rodas, superlotados, mal-iluminados e, o que é ainda pior, abafados. Os bancos eram de madeira sem revestimento, e as camas para dormir eram tábuas que se colocavam sobre os bancos, os travesseiros eram enchidos com palha, adquiridos com o bilhete junto à empresa ferroviária.

"Caro Colvin, estou a bordo de um trem entre Pittsburgh e Chicago, agora estamos passando por Ohio. Com um olho presto atenção numa criança cuja mãe está dormindo, com o outro lhe escrevo esta carta. Cheguei a Nova York no domingo à noite, e na segunda às cinco já estava novamente a caminho, rumo ao oeste. São mais ou menos dez horas da manhã de quarta-feira, ou seja, já estou há cerca de quarenta horas no trem. Não dá para se deitar; isso é bem cansativo. Até então não sabia como era fácil praticar o suicídio. Parece que nada sobrou de mim; morri faz algum tempo e não faço ideia de quem é esse que continua viajando aqui. [...] Nenhum homem tem valor enquanto não arriscar tudo. Nesse momento sinto-me como se tivesse arriscado e agora poderia amadurecer como homem."[9]

O trem da Central Pacific Railway atravessava o Mississippi e o Missouri, seguia pelas pradarias de Nebrasca e do Wyoming; passava ao lado de rebanhos de gado, girassóis selvagens, casas de fazenda isoladas, construídas em madeira; em seguida, por uma igreja de madeira, perdida no descampado sem fim; então novamente um moinho de vento, que bombeava a água gemendo baixinho. E quando o trem fazia uma parada para descarregar imigrantes exaustos em sua nova pátria, era possível ouvir o canto solitário de milhões de cigarras. Se o sol não estivesse brilhando demasiadamente e não estivesse chovendo, Louis escapava do vagão até a plataforma, em busca de ar puro. Às vezes subia no teto, a fim de escrever uma carta em paz. "Os trilhos se estendem em linha reta a minha frente e atrás de mim, como um fio esticado até o horizonte. Alegro-me pela paz de espírito que alcancei. Estou no caminho certo. Sei que ninguém partilha da minha opinião, mas não importa. Meu corpo, por sua vez, está um trapo."[10]

O trem cruzava estepes intermináveis, cuja beleza débil Louis não conseguia decifrar; atravessou as Montanhas Rochosas, cujo cinza e preto sem fim ele achou "animadores". Depois, porém, ele passou por um último cânion e sobre o passo do Emigrante até o rio Sacramento, através de florestas e pequenos bosques de macieiras, encostas com videiras e campos de trigo, deixando para trás cachoeiras, lagos e locais de mineração decadentes. E na manhã do dia 30 de agosto de 1879 chegou a São Francisco, a porta de entrada do oceano Pacífico.

Infelizmente, Fanny não ficou exatamente entusiasmada ao ver seu "amigo literário da Escócia" aparecer diante de sua porta sem aviso, tossindo, ofegante e mais magro do que nunca. A jaqueta de veludo azul estava pendurada de qualquer maneira no seu corpo esquelético; através das maçãs encovadas de seu rosto dava para ver a forma de seus dentes cariados, e tudo o que ele possuía nesta Terra era uma mala caindo aos pedaços, que não continha muito mais do que os seis volumes da história dos Estados Unidos da América, encadernados em couro.[11] A vivacidade exagerada de Louis tinha dado lugar a um abatimento corajoso, e não se ouvia mais nenhum sinal de seu falatório criativo. Embora tivesse ficado muito comovida pelo fato de ele ter dado a volta em meio mundo e terminado de arruinar por completo sua saúde por causa dela, Fanny ainda não sabia direito se iria se separar de Samuel Osbourne — que, por sinal, tinha acabado de deixá-la mais uma vez por uma amante. E de maneira nenhuma ela iria abrigar em sua casa esse jovem, aos olhos de todos os vizinhos.

Louis se viu novamente sem chão. Alugou um quarto na vizinhança e esperou. Nos fins de semana, ele não podia aparecer na casa de Fanny, pois era quando Sam Osbourne vinha visitá-la, brincar com os filhos e buscar junto com a esposa uma saída da crise conjugal. Lloyd e Belle se lembrariam até o final de suas vidas desses terríveis fins de semana, do silêncio tenso à mesa, dos murmúrios por trás de portas fechadas, das reclamações abafadas, ameaçadoras do pai e do chamado desesperado da mãe: "Oh, Sam, me perdoe!"[12]

Caso Sam seguisse as regras de comportamento da moral sexual puritana anglo-saxã, ele teria muito que perdoá-la. Ela, por sua vez, não menos. Passaram-se meses de indecisão, nos quais Fanny não apenas pesava os pecados conjugais de ambos os lados, como também a devoção juvenil do amante; assim como a posição social de uma mulher casada em relação ao desprezo de uma separada; e, não por último, a segurança financeira de um escrivão jurídico californiano em relação às perspectivas duvidosas de um promissor escritor estrangeiro, que havia cortado relações com sua família abastada. Fanny tentava mostrar aos vizinhos que seu amigo literário não tinha vindo da Inglaterra por sua causa, mas devido a uma série de palestras pelos Estados Unidos.

Nesse meio-tempo, Louis sofria e aguardava impotente pela decisão que Fanny, em algum momento, haveria de tomar. Além disso, ele tinha acessos de febre, dores de dente, distúrbios de digestão e de sono e severos ataques de tosse. E como seus pensamentos viviam em torno de Fanny, ele não conseguia escrever uma única linha decente. "Não tenho nenhuma novidade", ele escreveu ao amigo Charles Baxter. "Não sei de nada. Agora vou acampar na natureza... e deixo-lhe meus cumprimentos com um desejo insatisfeito e o coração partido."[13] Louis alugou um cavalo e um carro simples e foi até as montanhas Santa Lucia acampar no meio do nada. Logo no primeiro ou no segundo dia, ficou doente e talvez tivesse morrido largado à própria sorte se dois rancheiros, que tocavam nas proximidades uma criação de cabras angorá, não o tivessem levado para casa e cuidado dele. "Um deles é um velho caçador de ursos, 72 anos de idade, um antigo capitão da guerra do México; o outro esteve presente em 1846, quando os Estados Unidos apossaram-se da Califórnia. Ambos são autênticos pioneiros, muito amigáveis e prestativos. Capitão Smith, o caçador de ursos, é meu médico. Obedeço-lhe como a um oráculo."[14]

Quando Louis se despediu dos rancheiros, quase curado, e voltou para Monterrey, Fanny tinha tomado sua decisão. Ela se divorciaria de Sam e se casaria com Louis. Mas primeiro se mudaria para São Francisco para dar início ao processo de separação.* Louis, por sua vez, ficou, e sem companhia. Para não se comprometer no processo de separação, Fanny não podia ter contato com seu amante — e muito menos viver com ele sob um mesmo teto. Assim, Louis passou semanas solitárias esperando o divórcio, que deveria acontecer no início de 1880. Ele foi passear na costa do oceano Pacífico, onde catou conchinhas e ossos de baleia. Foi o responsável por um incêndio na mata, ao testar com um fósforo — para passar o tempo — a inflamabilidade do musgo espanhol que se pendurava em longos tufos de um velho pinheiro. Em segundos, a árvore estava ardendo em chamas e Louis fugiu dos bombeiros, loucos para linchá-lo, que combatiam um outro incêndio na mata nas proximidades. "Na minha vida, já corri algumas vezes, mas nunca como neste dia. Durante a noite, esgueirei-me ainda da cidade, e havia o meu personalíssimo incêndio na mata, que iluminava, mais que qualquer coisa, meu caminho."[15]

Louis foi de trem de Monterrey até São Francisco e alugou um quarto mobiliado na Bush Street, 608. Ele quase não tinha dinheiro e pouca perspectiva de ganhar algum. Todos os jornais diários já tinham sido visitados, primeiro pedindo por um emprego fixo e depois por trabalhos esporádicos, e

---

* A filha de Fanny, Belle, não participou da mudança. Pouco antes tinha se apaixonado por um jovem artista pintor chamado Joe Strong e acabara de se casar com ele. Mas logo viria a se saber que Joe tinha a mesma fraqueza para o sexo feminino que seu pai e que, além disso, bebia muito. Belle haveria de se juntar novamente a Fanny e Louis em Samoa e ficar com eles até a morte de Louis. Joe Strong também passou alguns meses em Samoa sob o teto de Stevenson — e às custas dele. Mas como não conseguia tirar as mãos das moças samoanas, Belle divorciou-se de Joe em 1892, depois de 12 anos de casamento.

finalmente propôs a compra de sua prosa, mas só recebia negativas. Os jornais californianos daquela época não demandavam relatos de viagens e opúsculos literários. Os redatores e o corpo de leitores se ocupavam mais com atacantes niilistas que colocavam bombas na Rússia e com os atentados socialistas contra o imperador Guilherme, intrigas comunistas na França e revoltas de fome na Irlanda, a emancipação dos judeus na Europa e o levante dos bôeres na África do Sul. No caderno local também não havia espaço para resenhas literárias por conta do desemprego em massa e da fome, da criminalidade explodindo e *pogroms* ameaçadores contra imigrantes chineses. Louis teria de escrever sobre o financiamento de bondes e salários dos professores, sobre o planejado trabalho compulsório para os jovens,* sobre a campanha à proteção das sequoias e os prós e contras de uma reforma penitenciária. Ou, ao menos, sobre as fases da lua e os assassinatos diários na região do porto. Mas ele ainda não tinha percebido que isso poderia ser seu tema literário.

Como os dias eram longos e sua saúde o permitia, ele empreendia longas caminhadas pela cidade. O caderno de anotações estava sempre à mão. "As ruas sobem os morros em linha reta, outras as cruzam em ângulos retos, umas ao sol, outras na sombra, um padrão bem definido de luz e sombra. Essa iluminação intensa combina com o canto do mar, as paisagens sempre novas, que se ofereciam a cada

* De acordo com notícias de jornal, viviam nas ruas de São Francisco 5 mil crianças de 10 a 12 anos, com o ensino fundamental concluído e sem qualquer perspectiva de trabalho; em consequência da ociosidade, acabavam se entregando a todo tipo de vícios. Com um capital inicial de 25 mil dólares, um comitê tinha planos de lançar a "Boys' and Girls' Cigar Manufacturing Company", que ocuparia as crianças, cobrindo toda a demanda de charutos da cidade. O projeto mostrou-se politicamente inviável. (N. do A.)

esquina — uma mirada sobre a baía ou o Tamalpais, as ruas inclinadas, toda a cidade aos pés da pessoa — e daí trechos de conversas em língua estrangeira, o canto dos marinheiros, os cules chineses que se esfalfam no cais, a gritaria da multidão da Bolsa de Valores de manhã até a noite..." Louis atravessou a lendária praça México e chegou a Chinatown, onde se espantou com as escritas ilegíveis nas paredes das casas e com a exposição das lojas de comida com seus peixes secos, nozes estranhas e frutas exóticas. Logo ao lado de Chinatown ficava Little Italy, onde havia pequenos restaurantes, que "haviam sido trazidos com tudo o que tinham direito de Gênova ou Nápoles, juntamente com macarrão, garrafas de Chianti e o retrato de Garibaldi na parede".[16] Ele subia até Nob Hill, "o gueto dos milionários", onde moravam os magnatas das ferrovias e os beneficiados pela febre do ouro, e depois voltava a descer até Little México e mais adiante, no bairro mais notório de todos, o velho Barbary Coast. Aqui os homens carregavam suas pistolas e armas ostensivamente, e também as usavam. Sob as luzes da iluminação pública, mulheres de maquiagem pesada se encostavam nas paredes das casas. Para cá vinham marinheiros de folga em terra para cantar suas prostitutas, e se eles não ficassem alertas, seriam surrados no meio da rua por mercadores de homens e levados a bordo de algum navio no mar para engrossar sua tripulação. Esse era um ambiente que Louis conhecia de Edimburgo. Como um cliente habitual, ele entrava e saía dos inferninhos mexicanos de jogos e dos buracos chineses que comerciavam ópio, ingressava em sociedades secretas alemãs, circulava em hospedarias e bares de marinheiros e espeluncas de todos os tipos. "Certa vez, num restaurante, comi sossegado um prato de ostras, paguei e fui embora — e descobri mais tarde que, dez minutos depois, houve um tiroteio por lá. E outra vez vi, por volta das dez da noite, um homem parado em uma esquina, tocaiando com um longo e reluzente Smith & Wesson alguém que provavelmente tinha feito algo que seria melhor não ter feito."

No final desse rude distrito começava a praia do Norte. Aqui soprava o doce cheiro do mar, aqui balançavam os mastros dos navios ancorados — os imensos navios mercantes europeus que tinham dado a volta no cabo Horn, os pequenos navios mercantes da China, das Índias Orientais ou da Austrália e, principalmente, as delicadas escunas dos mares do Sul, que ficavam bem fundo na água, nos quais marinheiros de pele escura conversavam em voz baixa e seus olhos negros lançavam olhares amistosos para o sujeito magro e pálido que passava pelo cais.

Havia por lá os bares do porto. Uma lenda muito conhecida conta que Robert Louis Stevenson teria conversado, num bar chamado "Harry White's Bar", com um velho lobo do mar, supostamente chamado Peg Leg (em português: perna de madeira) Benton e que era cego de um olho. Esse Benton parece ter contado ao jovem escritor sobre uma ilha do tesouro, a mais famosa de todas, na qual gerações de piratas haviam, hipoteticamente, enterrado seus tesouros. Chamava-se ilha do Coco e ficava a 4 mil quilômetros a sudoeste de São Francisco, no oceano Pacífico, não distante da Costa Rica. A existência do homem ou do bar é duvidosa; mas é certo que nesse outubro de 1879, quando Louis esperava pela separação de Fanny, um navio repleto de caçadores de tesouros realmente tinha voltado para a Califórnia — e isso tinha passado despercebido, até o momento, por todas as biografias de Stevenson. O navio chamou atenção, os jornais noticiaram a seu respeito. Não é uma suposição arriscada achar que na sexta-feira, 31 de outubro de 1879 — poucos dias depois de voltar do meio do nada — Louis tenha lido o *San Francisco Call*. Sua manchete foi:

Ouro da ilha do Coco:
Duas expedições de busca
sem resultados

"A ilha do Coco se localiza em frente à costa da América Central e parece coberta por baús de tesouros de piratas e saqueadores, que há muito tempo ameaçavam os mares. Reza a lenda que os piratas transformaram a ilha do Coco em seu quartel-general e que às vezes afundavam seus galeões na frente da costa, a fim de esconder seus tesouros debaixo d'água. Várias expedições já rumaram à ilha do Coco para descobrir os proclamados milhões, mas ninguém os descobriu até agora. A escuna *Vanderbilt*, que zarpou desse porto, em 12 de abril, rumo à descoberta dos tesouros dos piratas, voltou faz uma semana para Santa Bárbara com uma tripulação decepcionada, sem ouro nos bolsos. [...] Eles trabalharam arduamente durante três longos meses sob o sol tropical, escavando túneis, poços e valas. Mas todo o esforço foi em vão, e quando os suprimentos se tornaram escassos, foram obrigados a desistir.

"Devido à calmaria constante, a viagem de volta demorou 66 dias. A tripulação passou os últimos 12 dias à base de farinha e chá. No caminho, uma tempestade arrancou ambos os mastros da embarcação, deixando-a quase impossível de ser manobrada.

"Enquanto o *Vanderbilt* estava na ilha do Coco, chegou o vapor *Rescue*, que também tinha vindo de São Francisco, com a mesma intenção de procurar o lendário ouro. Capitão e tripulação, porém, logo perderam a coragem e rumaram a Puntarenas, onde venderam o navio ao governo costa-riquenho."[17]

4 A ilha do Coco

É difícil encontrar a ilha do Coco — tão difícil que, durante séculos, havia rumores entre os marinheiros de que ela não existia. A ilha é circundada por correntes marítimas fortes e traiçoeiras e, independente da estação do ano, está sempre debaixo de nuvens pretas e névoa espessa, quente como vapor, e seu território é de apenas 2.400 hectares em meio à infinitude azul índigo de 166 milhões de quilômetros quadrados do oceano Pacífico. Durante dez meses do ano, as tempestades de raios e trovões são contínuas; nos outros meses, chove várias vezes ao dia.

O nome da ilha se deve aos muitos coqueiros, cujos troncos longilíneos se elevam na costa, brancos frente ao verde da floresta. Desde sua descoberta por exploradores espanhóis em 1535, inúmeros saqueadores, baleeiros e navegadores dando a volta ao mundo se dirigiram à ilha para se abastecer com água potável e encher suas despensas com cocos. Muitos deles passaram semanas perto da ilha, cruzando a neblina, sem encontrá-la, apesar da sua altura de 634 metros e do formato típico de ilha vulcânica. E quando o timoneiro finalmente — e tarde demais — avistava a terra, o barco se espatifava nas falésias de basalto corroídas pelas marés, que se erguiam verticalmente do mar a até 100 metros de altura. Não é possível ancorar aqui pelo leste, pelo sul ou pelo oeste. Apenas no norte há duas baías, a Waver e a Chatham, cujas praias pedregosas permitem o acesso à ilha.

Ninguém quis morar aqui — com a exceção do marinheiro alemão August Gissler e sua mulher Clara, que aguentaram ficar 17 anos em sua cabana na baía Waver e dos quais ainda voltaremos a falar. Os montes escarpados da ilha são totalmente cobertos por floresta tropical. Debaixo das copas largas dos gigantes dos trópicos, nunca é dia de verdade, os troncos e os galhos são espessamente recobertos por um musgo úmido, e as bromélias colonizam as raízes aéreas. Trepadeiras e cipós impedem a visão por todos os lados, e no chão cresce um matagal com capim altíssimo e samambaias do tamanho de uma pessoa, cipós resistentes e espinhos venenosos. Pesadas gotas de chuva caem sem parar das nuvens pretas sobre as copas das árvores, e das copas sobre as samambaias, das samambaias até o musgo e sobre os liquens, escorrendo sobre o chão de lama amarelo para se juntar em riachos furiosos, que caem abruptamente dos penhascos no mar formando enormes cachoeiras.

A ilha fica sobre uma pequena placa tectônica, entre a grande placa norte-americana e a placa do Pacífico, ainda maior. Como as placas se movem lateralmente e uma por cima das outras, frequentes terremotos e erupções vulcânicas ocorrem nas zonas de fratura. Não se sabe há quantas centenas de milhares de anos surgiu a ilha do Coco, cuspindo fogo e derramando lava do subsolo vulcânico, nem quando o vento carregou o primeiro grão de semente da terra firme da América, estendendo suas raízes no fértil solo vulcânico. Logo uma vegetação exuberante cobriu a ilha, e pássaros perdidos aportaram por lá: atobás de patas vermelhas e amarelas, gaivotas brancas, fragatas, um tipo de cuco, o sabiá verde-oliva e colibris de todas as cores e formas. Ao mesmo tempo, chegaram os insetos: mariposas do tamanho de um pires, borboletas, gafanhotos grandes, alados, cigarras, vespas, baratas, morcegos, mosquitos e formigas — formigas vermelhas. As formigas fervilhavam sobre todas as pedras, todas as árvores e todos os arbustos, mas também sobre todas as pessoas que ousavam entrar no mato, e às centenas e aos milhares. Seu instinto ordena que piquem sempre que percebam com suas antenas algo quente, vivo, e o efeito era ainda maior porque sua saliva continha um ácido fórmico que causa uma coceira torturante que dura horas. Inofensivas, por sua vez, são as lagartixas, pintadas de verde-claro, azul ou laranja, que se penduravam aos montes entre as copas das árvores e que certamente são descendentes daquela lagartixa fêmea prenhe, que num tempo longínquo estava sobre um galho na costa da América Central quando este se partiu e caiu no mar, boiando por centenas de milhas em direção a oeste, para acabar chegando às rochas da ilha do Coco. Não há cobras na ilha — porque elas não têm extremidades com as quais poderiam se agarrar aos troncos apodrecidos. Também procuramos em vão por mamíferos que pudessem ter sobrevivido à travessia; pois animais de sangue quente suportam bem menos a umidade, o frio e a fome do que anfíbios e répteis. Embora existam milhões de ratos enormes — ratos na praia, ratos na terra, ratos na água, ratos até nas árvores —, estes chegaram a terra apenas quatrocentos ou trezentos anos atrás, quando esse ou aquele capitão defumou o casco do seu navio, enquanto a tripulação estava de folga em chão firme. Como a terra está sempre molhada, pingando, os ratos constroem seus ninhos nas copas das árvores, e as fêmeas estão continuamente prenhes. A cada três semanas nascem até 18 filhotes, que, em condições ideais de alimentação e na ausência de qualquer inimigo natural, estão em condições de procriar dentro de um mês.

Por fim, o porco doméstico europeu chegou à ilha do Coco, exatamente na manhã de 30 de julho de 1793. Nesse dia, o navio de pesquisa *Rattler* — que investigava as condições de caça no Pacífico para a flotilha de baleeiras britânica — levantou âncora da baía Chatham. Aliviado, seu capitão James Colnett escreveu: "A estada de quatro dias na ilha nos cansou bastante, e estávamos contentes em deixá-la. Carregamos o navio com duzentos cocos; em compensação, deixamos na baía da extremidade norte um porco e uma porca, além de um bode e uma cabra. Na outra baía, semeamos plantas de todos os tipos para o bem daqueles que aportarão aqui depois de nós. Deixei também uma mensagem em uma garrafa, que amarrei a uma árvore."[1]

Os dois caprinos comeram em excesso a farta vegetação e morreram, e a mensagem na garrafa parece ter sido encontrada um ano mais tarde pelo capitão George Vancouver, quando este ancorou na baía. O porco e a porca, porém, se embrenharam no mato e se multiplicaram, e seus descendentes rapidamente tornaram-se pequenos, magros e inteligentes porcos selvagens, de maldosos olhos vermelhos, que atacam por trás e são difíceis de serem caçados, mas dão uma carne magra e saborosa.

E para completar a felicidade do homem do mar, pululavam na frente da costa raias, atuns e peixes-espada, além de tubarões, bonitos, cavalinhas, salmões, peixes-voadores, tartarugas marinhas, camarões, siris, ostras e outros inúmeros moluscos e frutos do mar. Tal abundância se repete em muitas das 20 mil ilhas do oceano Pacífico. Mas o que distingue a ilha do Coco como ilha do Tesouro é sua posição geográfica (5 graus, 32 minutos e 57 segundos de latitude norte, 87 graus, 2 minutos e 10 segundos de longitude oeste), a 500 quilômetros ao sul de Costa Rica e a 800 quilômetros a oeste do Panamá: fora do campo de visão do território americano, distante das rotas dos navios e difícil de ser encontrada, mas alcançável com dois ou três dias de ventos favoráveis — o refúgio ideal para piratas franceses e ingleses que a escolheram para esconder os incalculáveis tesouros da América Espanhola.

Já em 1684 o saqueador Edward Davis apareceu na região com o *Batchelor's Delight*; diz a lenda que a ilha do Coco era seu esconderijo e que durante vinte anos ele atacou a costa da Nova Espanha a partir dela, em direção ao norte até Baja Califórnia e, ao sul, até Guayaquil. Às vezes ele se unia a um outro navio saqueador, o *Cygnet* do capitão Swan ou o *Nicolas* do capitão Eaton, às vezes também um ou outro navio francês.

Também Benito Bonito, um dos capitães piratas mais famosos do Caribe, o lendário "Bonito da espada ensanguentada", parece ter enterrado seus tesouros aqui por volta de 1820. Ele tinha começado sua carreira em 1814 como capitão de um pequeno navio corsário espanhol, depois aprisionado um navio mercante português e, com esse último, por sua vez, o navio negreiro inglês *Lightning*, cujo nome ele traduziu para o espanhol *Relámpago*. Durante anos ele semeou morte e destruição pelo Caribe, até que o almirantado britânico colocasse duas fragatas e uma corveta de guerra em seu encalço. Assim, Benito protegeu o *Relámpago* dos canhões britânicos fugindo para o lado do Pacífico da América do Sul pelo cabo Horn. Em 1819 chegou a seus ouvidos que a autoridade espanhola havia enviado uma enormidade de ouro sobre lombo de burros da Cidade do México em direção à costa, para embarcá-lo no porto de Acapulco, passando por Manilha, rumo a Madri. Bonito e seus homens aportaram numa baía deserta, esperaram pelo cortejo dos burros, promoveram um banho de sangue entre os soldados que acompanhavam os animais e sumiram com o ouro — assim diz a lenda — para a ilha do Coco.

Não deve haver dúvidas de que a ilhota em frente à Costa Rica seja a mãe de todas as ilhas do tesouro. Em nenhum outro lugar do mundo supõe-se haver tantos tesouros enterrados quanto nas poucas centenas de metros do terreno ao redor das baías Chatham e Waver. Se todos os mapas de tesouro, em circulação há duzentos anos, que vira e mexe são comprados por muito dinheiro, reproduzidos e revendidos em sombrios bares de portos, antiquários duvidosos e hospedarias molambentas de marujos fossem verdadeiros, então qualquer escavação acertaria o alvo. Mas, desde sempre, a busca mais apaixonada é pelo maior e mais valioso de todos os tesouros de piratas, que todos supõem estar escondido na ilha do Coco: o tesouro da igreja de Lima. Há duzentos anos que não existem pistas sobre ele.

No começo do século XIX, a revolta dos povos oprimidos se espalhou como fogo na América. As 13 colônias inglesas na América do Norte já tinham se livrado do jugo do Velho Mundo. No México, a luta pela libertação estava em curso, na América do Sul os exércitos revolucionários colecionavam vitórias. Os nobres espanhóis davam por perdida uma província atrás da outra e se retiraram para Lima, a capital de todas as capitais da América Espanhola, naquele tempo uma das cidades mais ricas do mundo. Dali o ouro das minas do Peru era enviado à Espanha, assim como a prata das minas do México e grande parte dos tesouros que tinham sido saqueados durante trezentos anos dos incas, maias e astecas. Em agosto de 1821, porém, o pânico dominava Lima. As tropas maltrapilhas, mas vitoriosas, de Simón Bolívar avançavam pelo norte; do leste, pelos Andes, chegava o general José de San Martin; e no oeste, sob o comando do excêntrico britânico lorde Cochrane, duque de Dundonald e antigo almirante da Marinha Real, a armada chilena montava uma barreira no oceano. Parecia ser apenas uma questão de dias e horas para que hordas de mestiços sujos e escravos fugidos inundassem a antiga e honrada Plaza de Armas. Embora Lima fosse vigiada por dezenas de milhares de soldados fiéis ao rei espanhol, esses recrutas eram sujeitos debilitados e pouco confiáveis, que não resistiriam por muito tempo. Evacuar a população era impossível. Nessa situação, o bispo, o vice-rei e o governador decidiram que seria preciso ao menos colocar em segurança os tesouros sacros e profanos que se encontravam na catedral, amealhados exaustivamente durante trezentos anos. Dessa maneira, o tesouro de Lima foi assentado no lombo de burros sob o olhar espantado dos moradores das catacumbas da catedral e levado à luz do dia, transferido em seguida para carros de boi: pesados armários de cedro e caixas repletas de joias, estátuas de madonas e crucifixos e incontáveis ossos de santos, além de numerosas lascas da cruz de Cristo. Em algumas caixas, dizem, havia montes de pérolas e opalas, granadas, diamantes, ametistas, rubis cor de sangue e safiras azuis brilhantes; em outras, espadas cravejadas de diamantes e coroas de reis; na maior, porém, estava guardada a estátua da Sagrada Mãe de Jesus e seu Filho em tamanho real e feita de ouro maciço.

Os tesouros foram levados ao porto de Callao, a 8 quilômetros de distância, em carros de boi e no lombo de burros. Havia apenas poucos navios por ali, a maioria tinha fugido da flotilha dos insurgentes, que estava ancorada a uma distância visível, mantida afastada apenas por um último navio bélico espanhol remanescente, o poderoso *Esmeralda*, que defenderia Lima até a última bala de canhão. Fora isso, havia apenas o *Mary Dear*, um bergantim britânico pequeno, ágil e rápido o suficiente para escapar da flotilha chilena. Seu capitão chamava-se William Thompson. Ele era conhecido na costa sul-americana como um comerciante competente e confiável — e assim teria permanecido caso nas horas seguintes um dos tesouros valiosos jamais vistos por alguém não tivesse sido embarcado em seu navio e cuja guarda lhe tivesse sido imposta.

Os nobres espanhóis ordenaram que o capitão Thompson levasse o *Mary Dear* ao mar aberto e cruzasse o horizonte; caso Lima caísse nas mãos dos insurgentes, ele deveria rumar para a segurança do porto do Panamá; caso contrário, que retornasse a Lima. Thompson e sua tripulação de 14 homens cumpriram imediatamente a primeira parte do trato: o *Mary Dear* sumiu no horizonte com o tesouro da igreja. Entretanto, ele não reapareceu no horizonte, nem em frente a Lima nem em frente ao Panamá. Talvez a tripulação, em proximidade íntima com tanto ouro, tenha se amotinado e obrigado seu capitão à pirataria, ou talvez o próprio Thompson tenha caído em tentação — de qualquer maneira, eles cortaram o pescoço dos poucos soldados espanhóis e dois minguados religiosos que seguiam o tesouro de Lima, e jogaram seus corpos no mar. Em seguida, o *Mary Dear* desapareceu na vastidão infinita do oceano Pacífico.

Mas para onde fora o navio? Supõe-se que o capitão Thompson e seu imediato se dirigiram para uma ilha desabitada de nome ilha do Coco e usaram botes para levar o tesouro até a terra firme a fim de enterrá-lo num lugar secreto, porém facilmente acessível. Ainda é possível supor que, depois de concluído o trabalho, eles rumaram de volta para leste, em direção ao subcontinente sul-americano; e, finalmente, supõe-se que pouco antes do momento de avistar a terra, o capitão Thompson ordenou que seus homens entrassem nos botes e tocou fogo no navio. O *Mary Dear* tinha se tornado um navio marcado, com o qual ele não podia entrar em nenhum porto do mundo sem ser imediatamente preso pelas autoridades locais. Desse modo, Thompson e seus 14 homens remaram nos botes até a terra firme, sendo resgatados em frente ao litoral da Costa Rica por uma fragata espanhola, retornando a Lima para comunicar ao vice-rei que o *Mary Dear* tinha naufragado e, infelizmente, encontrava-se juntamente com todo o tesouro de Lima no fundo do oceano.

O plano era bom, mas não foi para a frente, pois nesse meio-tempo o mar trouxe à praia os restos mortais dos soldados e dos monges. As gargantas cortadas e a evidente simultaneidade do ocorrido depunham contra uma *causa mortis* natural. Sob tortura, o timoneiro, o encarregado dos botes, o carpinteiro de bordo e o cozinheiro confessaram muito rápido, sem contradições e de modo muito crível, que tinham enterrado o tesouro em uma ilha chamada ilha do Coco. Mas não sabiam dizer onde ficava neste imenso globo de Deus, pois nenhum deles sabia ler ou escrever, muito menos navegar. Apenas o capitão Thompson e seu imediato Maat sabiam lidar com latitudes e longitudes. E apenas eles poderiam saber onde estava o tesouro. O vice-rei espanhol, portanto, enforcou os 13 marinheiros, poupando a princípio Thompson e seu imediato.

Semanas mais tarde, ambos guiaram um navio de expedição espanhol a milhares de milhas rumo noroeste até a ilha do Coco. Mal chegaram à terra e os dois piratas se jogaram nos arbustos, e os espanhóis não conseguiram achá-los por nada. Os soldados logo maldisseram a perseguição por causa do matagal infestado de ratos; e quando os mantimentos começaram a escassear, depois de alguns dias, o comandante deixou que a natureza inóspita sentenciasse à morte Thompson e o imediato. Ele retornou com seus homens ao navio, rumo a Lima. Nos meses seguintes, o vice-rei enviou pelo menos duas expedições fortemente armadas até a ilha do Coco, com a incumbência de encontrar os piratas e resgatar o tesouro. Não houve resultados.

Thompson e o marinheiro aguentaram meio ano na ilha. Então surgiu no horizonte a baleeira britânica *Captain*, que aportou para carregar água. O capitão acreditou que ambos fossem inocentes náufragos, trouxe-os a bordo e os levou até terra firme americana. Os dois desapareceram sem deixar pistas e por vinte anos não deram notícia.

Em 1845, porém, um homem chamado Thompson estava à beira da morte em St. Johns, na Terra Nova. Ninguém pôde afirmar com segurança que se tratasse do antigo capitão do *Mary Dear*. Ao seu lado, estava um jovem de nome John Keating, e nos últimos sopros de vida Thompson parece ter-lhe revelado o lugar onde estava escondido o tesouro de Lima na ilha do Coco. Baseado nessas coordenadas, Keating produziu um mapa do tesouro — e este se tornou o pai de centenas de mapas do tesouro que desde então circulam por aí.

O que aconteceu depois está encoberto por lendas. Alguns afirmam que John Keating arrendou um navio em conjunto com seu sócio, Bogue. Eles teriam circundado o cabo Horn e alcançado a ilha do Coco, onde realmente descobriram uma caverna cheia de ouro e pedras preciosas e voltado para casa em St. Johns com dobrões espanhóis no valor de 7 mil, 40 mil ou 100 mil dólares; antes disso — e aqui as versões divergem — ele jogou Bogue ao mar, assassinou-o ou enterrou-o vivo na caverna do tesouro; no último caso, seu esqueleto estaria até hoje vigiando o tesouro. Outras versões sustentam que Keating foi até a ilha do Coco outras duas vezes, e que ele enriqueceu, comprando mais terras e um iate, com o qual naufragou em 1868 em Codroy Village, Terra Nova, tendo sido salvo pelo seu timoneiro, Nicholas Fitzgerald. A esse último, por gratidão, Keating teria revelado o segredo da ilha do Tesouro. Mas também o genro de John Keating deve ter tido o mapa do tesouro em mãos, assim como sua jovem mulher e o amante e o irmão dela, assim como o sobrinho e, depois da morte de Keating, seu novo marido.

Como cada vez mais iniciados confiavam o segredo a cada vez mais pessoas, em meados do século XIX ele tinha se espalhado com a velocidade de uma avalanche. Ninguém sabe quantos aventureiros empreenderam a longa e custosa viagem até a ilha do Coco com seus mapas do tesouro. Às vezes acontecia de alguém trancar a casa e sumir sem deixar vestígios. Alguns nunca mais foram vistos, outros voltavam, abatidos, depois de semanas ou meses, outros também se vangloriavam com tesouros que supostamente haviam descoberto, mas que infelizmente tiveram de deixar pelo caminho devido às circunstâncias desfavoráveis. Alguns poucos iniciados resistiam à tentação, ficavam em terra e mantinham as aparências. O corajoso timoneiro Fitzgerald, por exemplo, que tinha salvado Keating do naufrágio, passou o resto da vida pescando bacalhau na Terra Nova. Por volta de 1870, ele mesmo se viu em apuros no mar, tendo sido salvo por um navio de guerra britânico. Por gratidão, Fitzgerald teria presenteado seu salvador, almirante Curzon Howe, com o mapa do tesouro. Esse, por sua vez — e isso tem, uma vez mais, garantia histórica —, o entregou ao famoso corredor de carros inglês Sir Malcolm Campbell. Campbell organizou uma expedição de muitas centenas de milhares de dólares, que ancorou em 27 de fevereiro de 1926 na baía Chatham, iniciando o retorno, decepcionado, quatro meses mais tarde. De qualquer maneira, Sir Campbell entrou na história como o suposto primeiro caçador de tesouro que levou em consideração o uso de detectores de metal. Para testar esses equipamentos desenvolvidos a seu pedido, ele enterrou no campo aberto em frente à sua garagem todo tipo de peças de motor e rodas sobressalentes — e essas estão por ali até hoje, porque os detectores de metal ainda não eram adequados.

Surgiram desde então centenas de mapas do tesouro, cartas e desenhos, que supostamente estavam guardados há décadas em escrivaninhas empoeiradas, atrás de telas de quadros ou entre prateleiras de livros esquecidas, e todos devem ser autênticos ou, ao menos, cópias autênticas dos originais, que em algum momento estiveram nas mãos de Thompson, Keating, Bogue, Hackett ou Fitzgerald. É bem provável que desde 1850 não tenha se passado um ano em que algum caçador de tesouros tenha tentado a sorte na ilha do Coco, e certamente desde então nem um dia se passou sem que alguém no mundo acreditasse possuir as informações mais secretas a respeito do caminho mais direto para se chegar aos tesouros dos piratas. Ninguém sabe quantas centenas de navios empreenderam viagem até a ilha do Coco desde então, e quantos homens desembarcaram nas baías Chatham ou Waver e se lançaram à praia, sob um calor escaldante, com pás e picaretas, sendo picados por mosquitos e formigas, para partir depois de alguns dias, semanas ou meses. Às vezes eram garotos em idade escolar que se lançavam ao mar em botes a remo e talvez até conseguissem fazer a travessia, e que no mais tardar na viagem de volta tinham de ser resgatados pela Marinha dos Estados Unidos ou pela guarda-costeira da Costa Rica. Muitas vezes eram ricos proprietários de iates, que iam atrás de alguma emoção entre os banhos de mar nas praias de Acapulco e do Taiti. De vez em quando, solitários esquisitos desciam na ilha para rastrear a praia com pêndulos ou forquilhas. Conta-se que certa vez apareceu também um médium alemão chamado Margo Schneider, a fim de fazer contato com o espírito de Benito Bonito. Outros, por sua vez, empreendiam a caça ao tesouro com uma seriedade científica, desenvolviam novos instrumentos de busca com raios infravermelhos, ultrassom e eletromagnetismo, emaranhando-se inapelavelmente com isso nos cipós da selva. Então havia aqueles caçadores de tesouro que chegavam com dúzias de trabalhadores rurais indígenas, que deviam cavar e picaretar para eles; mais tarde, foi a vez de usar escavadeiras americanas e bananas de dinamite. Às vezes acontecia de dois ou três navios aportarem simultaneamente na baía Chatham; em seguida, tropas de busca engalfinhavam-se no litoral com mapas contraditórios, estouravam buracos na terra de tal maneira que os blocos de pedra pipocavam ao redor dos concorrentes e ameaçavam-se uns aos outros com facas e armas de fogo.

Finalmente havia os aventureiros em ternos de risca de giz, que fundavam sociedades anônimas com nomes significativos como "Cocos Expedition" (São Francisco, 1854), "Hidden Treasure Company" (Nova York, 1873), "Clayton Metalphone Ltd." (Vancouver, 1931) ou "Treasure Recovery Ltd." (Londres, 1934). Alguns deles realmente organizavam as expedições e colocavam os navios para viajar; outros nunca abandonavam o chão seguro dos tapetes macios em salas de reunião bem aquecidas. Devido à sua natureza, as ações de todas essas sociedades eram extremamente voláteis. Em geral, elas sempre perdiam seu valor quanto mais o sucesso demorava a chegar. Mas então podia acontecer, subitamente, de aparecerem alguns artigos muitíssimo interessantes em alguns jornais ou que esse ou aquele boato circulasse nos domínios das bolsas fazendo seu curso subir de maneira estonteantemente rápida para logo depois despencar novamente, porque alguém, prevendo algo com inteligência, tinha se desfeito mais uma vez de um grande lote de ações.

Por exemplo, na quarta-feira, 1º de dezembro de 1897, o *New York Times* teria publicado:

"É provável que o tesouro da ilha do Coco, avaliado em 30 milhões de dólares, esteja neste momento seguro a bordo do cruzeiro britânico *Amphion*. As notícias trazidas da Guatemala pelo canhoneiro norte-americano *Alert* corroboram essa suposição [...] Parece que o almirante Pallister mandou enterrar seus homens em um determinado local, e sobre eles, numa profundidade de cerca de seis pés, foi deitada uma grande placa de pedra, a qual antigamente deveria conter um tipo de inscrição. A escavação foi muito difícil, já que o buraco sempre voltava a se encher d'água. Finalmente a placa de pedra pôde ser retirada, liberando a visão de um tipo de túnel, cujas paredes logo cederam e quase enterraram outros homens. No dia seguinte foi usada uma carga de explosivos, o que levou apenas a mais dificuldades."

Três meses depois, em 13 de março de 1898, apareceu então este pequeno informe:

"Como registra a carta de um marinheiro a bordo do navio real britânico *Amphion*, a suposta bem-sucedida caça ao tesouro na ilha do Coco foi um fracasso. Os homens cavaram durante dez dias e nada acharam."

Todas as grandes esperanças acabavam repetidamente em decepção e amargura, e os amigos mais antigos transformavam-se em inimigos mortais. Inúmeros foram os homens que sacrificaram a este pedaço da Terra sua saúde física e espiritual, seus bens e os melhores anos de suas vidas. Os mais felizardos entre os caçadores de tesouro foram aqueles que estavam lá apenas por prazer. Um deles foi o presidente norte-americano Franklin Delano Roosevelt, que numa viagem de férias com o encouraçado *U.S.S. Houston*, na quarta-feira, 9 de outubro de 1935, autorizou que seu séquito de acompanhantes ficasse escavando por algumas horas a terra da ilha do Coco. Enquanto sua comitiva desembarcava, Roosevelt, que teve paralisia infantil aos 39 anos e desde então não se movia da cintura para baixo, ficou a bordo e lançou sua linha de pesca. Acabou pescando um peixe-espada de 60 quilos. O presidente enviou o peixe acondicionado em gelo para Washington, onde foi pendurado na parede, empalhado.

Em 1968, o governo da Costa Rica decidiu não mais distribuir autorizações para caçadores de tesouros e estacionou uma tropa da Guarda Nacional na ilha como vigilância. Apesar disso, o fluxo de aventureiros não diminuiu; alguns vinham secretamente em barcos pesqueiros ou pegavam carona com pescadores de lagostas até a costa sul, não vigiada, e chegavam a terra nadando; outros compravam autorizações especiais por muito dinheiro, afirmando serem inocentes mergulhadores submarinos, ornitólogos ou botânicos para conseguir o acesso à ilha. Nos anos 1960, três jovens franceses chegaram à conclusão de que o tesouro não estaria escondido em uma das duas baías em que navios podiam aportar, mas, ao contrário, em meio aos perigosos recifes basálticos no outro lado da ilha. Em 1978, um soldado costa-riquenho encontrou no meio do matagal os destroços de um avião de bombardeio do Exército americano, considerado desaparecido desde 1943. Em dezembro de 1980, o fabricante alemão de papelão ondulado Richard Gissler, de Jülich — que recebeu um mapa do tesouro do seu tio-avô August Gissler —, permaneceu por quatro dias na ilha em companhia de sua filha Claudia. Em 1982, chegaram o aventureiro de Munique Reinhold Ostler, juntamente com três amigos e uma tonelada e meia de bagagem, em grande parte composta por latinhas de cerveja doadas por uma cervejaria de Munique. Os detectores de metal que tinham sido trazidos também se revelaram pouco úteis, embora a indústria tivesse desenvolvido modelos significativamente mais confiáveis e baratos desde os dias de Sir Malcolm Campbell. Nesse meio-tempo, porém, as hordas de aventureiros haviam deixado tantas picaretas, pás e latas, que o terreno em questão indicava presença de metal a cada passo.

Hoje os arredores das baías Chatham e Waver estão cobertos de sinais misteriosos: enigmáticas inscrições em troncos centenários, pequenas flechas em paredes de pedra e cruzes sobre cascos corroídos de velhas embarcações. No chão da mata os caçadores de tesouros cavaram centenas de buracos, com vários metros de profundidade e em parte cobertos por uma vegetação densa, nos quais é fácil quebrar uma perna. Na beira da selva há barracas em todos os estágios de decomposição, e na praia mal sobrou uma pedra de tamanho maior, na qual um caçador de tesouro frustrado não tenha imortalizado o seu nome.

5 A ilha do Tesouro

Semana após semana, Louis perambulava no porto de São Francisco, esperando a data do divórcio de Fanny. Mais dois anos se passariam até que ele escrevesse *A Ilha do Tesouro.* Ele tossia e sofria de ondas de febre, e seus dentes apodrecidos lhe causavam dores indizíveis. A noite de Natal foi passada sozinha em um restaurante barato; durante quatro dias ele não falou com vivalma, exceto com a dona do quarto. As expectativas financeiras eram sombrias. O último dinheiro estava acabando, não havia perspectiva de mais e não dava para esperar nenhuma ajuda dos pais, extremamente conservadores. É provável que eles fossem deserdar Louis, que vivia em pecado com uma mulher casada... "Não me importo que me deserdem... sempre considerei dinheiro herdado moralmente duvidoso. Assim fico livre desse problema para sempre."[1]

Louis reduziu suas despesas diárias com comida de 45 para 25 centavos. Fez novas visitas de apresentação nas redações dos jornais. Começou uma peça de teatro chamada *A piçarra*, mas não a desenvolveu. Finalmente, pediu ao amigo Charles Baxter, de Edimburgo, que vendesse todos os seus livros e lhe enviasse a renda para a Califórnia.

Em janeiro de 1880, finalmente, saiu o divórcio de Fanny e Samuel Osbourne, e para Louis o caminho até o altar estava desimpedido. Mas nesse dia ele tossiu sangue pela primeira vez, e quase meio litro. Sua boca estava cheia de sangue, e ele não conseguia mais falar. O médico, chamado às pressas, diagnosticou tuberculose em estágio final —

uma sentença de morte, que o doente encarou de modo impressionantemente frio. "Sei que estou aqui apenas para provação. Se sobreviver ao próximo inverno, tenho motivo para ser confiante; por outro lado, também é igualmente possível que não viva a primavera seguinte. E por essa razão é muito importante para mim que Fanny conheça meu pai e minha mãe. Eles, graças a Deus, são ricos e, assim, depois de minha morte, ela ficará melhor do que agora."[2]

Mas então chegou a primavera de 1880, e tudo ficou bem; é que em casa, na Escócia, os pais de Louis souberam pelo jornal que seu único filho, Louis, estava à beira da morte nos Estados Unidos. Ficaram apavorados. "Nossas cartas e as vinte libras que mandamos para você retornaram de Nova York", escreveu o pai. A mãe repreendeu Louis por ele assumir "tamanhos riscos" e recomendou ao filho sem posses que se fortificasse com muito champanhe. "Saiba de uma coisa: até nosso último centavo, nada lhe deve faltar." Em relação à nora, como agora consideravam Margaret e Thomas Stevenson, já que ela pelo menos tinha se divorciado — e graças a Deus não em Edimburgo, mas a 10 mil quilômetros de distância — e que, por assim dizer, tinha voltado a ser solteira, a situação estava bem mais tranquila. A mãe comunicou a Louis que a noiva era bem-vinda. O pai ponderou que seria mais elegante aguardar um bom tempo entre o divórcio e o novo casamento. E, por fim, comunicou a Louis por telegrama que, a partir daquele momento, ele estava lhe destinando uma pensão anual de 250 libras e que uma parcela intermediária estava a caminho.

A primeira coisa que Louis fez foi arrancar todos os dentes podres e encomendar uma dentadura. Ele comprou duas alianças simples, de prata, e providenciou a permissão de casamento. Alugou um lugar decente para Fanny, Lloyd e seus cavalos, e mandou dizer a Samuel Osbourne que ele estava livre de quaisquer responsabilidades financeiras. Em uma noite de primavera no começo de maio, Louis foi com Fanny assistir à ópera cômica *Os piratas de Penzance*, que era levada todas as noites no Bush Street Theater, sempre com lotação esgotada. E em 19 de maio de 1880, Robert Louis Stevenson e Frances Mathilda Osbourne, nascida Van de Grift, casaram-se na residência do reverendo William Scott, na Post Street, 521. O pastor era escocês e presbiteriano, além de possuir outras qualidades ao gosto de Louis. Na juventude, tinha exercido seu ofício no campo de batalha sob o comando de Abraham Lincoln na guerra contra os índios Black Hawks, passando depois a ganhar seu pão como peão de rodeios no Tennessee, antes de se assentar, em 1852, em São Francisco, para construir duas igrejas e escrever 11 livros religiosos. Podemos supor que o calejado pastor também saudou o casal — que poderia ser tomado por mãe e filho — com simpatia, ou ao menos com indulgência. Pois quando chegou ao delicado item "estado civil" na certidão de casamento, ele poupou a noiva — talvez seguindo um desejo expresso dela — do estigma dos divorciados e anotou, atencioso, "viúva". É bem possível que Fanny ou Louis tivessem ditado ao pessoal do jornal o que deveriam escrever. De qualquer modo, o anúncio do casamento no *Oakland Tribune* de 22 de maio de 1880 descrevia a noiva como "Miss Fannie Osbourne, de Oakland".

Mesmo depois do divórcio, Sam Osbourne manteve uma relação amistosa com Fanny e as crianças. Ele era dedicado ao mais novo, Lloyd, e lhe escrevia todas as semanas cartas carinhosas, nas quais com frequência perguntava por Fanny. Três anos mais tarde ele se casou, em São Francisco, com uma moça de nome Rebecca Paul, a quem chamava

"Pauly". Continuou a ganhar o pão de cada dia como escrevente, até que, em 28 de março de 1887, pegou seu casaco e chapéu para ir ao trabalho, antes de sair pediu para Pauly preparar-lhe o almoço — e nunca mais apareceu. Seu desaparecimento causou comoção na imprensa. Alguns suspeitavam de uma história envolvendo uma mulher, outros um sequestro, e alguém chegou a dizer que Sam tinha sido visto na África. Depois de alguns meses, porém, quando algumas roupas esfarrapadas foram encontradas na praia, os rumores silenciaram. Ninguém podia afirmar ao certo que eram as de Sam; mas seus amigos estavam convencidos de que o eterno solitário tinha entrado no mar.

Para Fanny e Louis, o dia do casamento foi o início de uma odisseia de dez anos, passando por três continentes e meio globo, de um sanatório para outro, da Escócia duas vezes até os Alpes ida e volta, em seguida para o sul da França e depois cruzando o continente americano — uma viagem incansável, que chegou ao fim somente naquela manhã de dezembro de 1889, quando o *Equator* alcançou a costa de Samoa. Todos os dias de sua vida de casados foram marcados pela doença de Louis e os cuidados maternais e severos de Fanny; ninguém jamais os considerou um casal amoroso e despreocupado, apaixonado ou carinhoso. Por outro lado, também não há nenhum indício de uma desavença conjugal que tivesse durado mais que um dia ou uma noite, pois ambos eram leais em toda sua contradição. Louis, o artista com pendor egoísta, cujo estado de saúde ditava o caminho a ser trilhado por toda uma família, mas que nas pequenas coisas do cotidiano se curvava, submisso, às vontades da mulher; Fanny, a matrona ambiciosa, que se rendia humildemente à tarefa de salvar a vida, dia após dia, do frágil jovem. Fanny determinava os cardápios de Louis, discutia com os médicos, decidia entre esse ou aquele lugar de tratamento. Ficava furiosa quando os amigos dele não queriam ir embora, tarde da noite, e prestava atenção para ele se vestir com roupas quentes quando saía de casa. Apenas uma ideia não lhe passava pela cabeça, já que a própria Fanny fumava muito: que o sistema respiratório de Louis pudesse ser prejudicado pelo fato de ele fumar todos os dias, de manhã até tarde da noite, ininterruptamente.

Como os pulmões de Louis ainda chiassem de maneira preocupante naquele maio de 1880, Fanny decidiu que não seria bom passar a lua de mel no nublado ar marinho de São Francisco. Louis estava fraco demais para uma viagem, e faltava dinheiro para uma estada curativa na estância de banhos termais de Calistoga, que ficava aos pés do monte Helena. Então, Louis, Fanny e Lloyd se instalaram por dois meses e de graça numa montanha mais alta ainda, numa mina de prata desativada. Os últimos trabalhadores devem ter abandonado a mina havia uns cinco ou seis anos. Restou um cânion profundo, uma paisagem de tirar o fôlego e uma plataforma de madeira na encosta, sobre a qual estava montada uma barraca. Por todo lado havia madeira podre e ferro enferrujado, e embaixo da grama ainda havia trilhos que levavam a túneis lúgubres, dos quais saía um vento frio, úmido. Dentro da barraca se encontravam roupas velhas, ferramentas quebradas, móveis caídos. Fanny logo se pôs a trabalhar. Com o ímpeto de uma dona de casa, ela recolocou isso no lugar, arrumou aquilo, pregou aquilo outro na parede, e depois varreu, limpou e lavou, até que um certo conforto fosse restituído. Louis, que tinha crescido numa casa repleta de empregados domésticos, não lhe era de grande ajuda. Depois de uma primeira inspeção, ele retirou uma pequena planta venenosa que crescia entre duas tábuas no chão, mas acabou deixando todo o resto a cargo da mulher e foi fazer um reconhecimento dos arredores. Satisfeito, registrou no caderno de anotações que aqui havia "bodes, ursos e cobras".

Ele se recuperou rapidamente no clima quente e seco da montanha. Louis se dedicava por quatro a cinco horas diariamente a seus manuscritos, mas sem conseguir produzir muita coisa. Fanny cuidava para que ele não se esforçasse demais, proibindo-lhe qualquer passeio. A cada dia, ele tossia menos, comia mais e também ganhava peso. "Estou me sentindo realmente melhor", escreveu em 30 de junho para sua mãe. "Não posso fazer absolutamente nada, não posso me afastar nem cuidar da casa..."[3] Alguns dias mais tarde, Fanny contou à sogra: "Em relação à aparência do meu querido garoto, ele está surpreendentemente melhor a cada dia. Imagino que, quando a senhora revê-lo, mal conseguirá imaginar que um dia ele esteve doente. Esforço-me ao máximo para cuidar bem dele; o velho doutor diz que meus cuidados salvaram-lhe a vida."[4]

No fim de julho, finalmente Fanny, Louis e Lloyd se puseram no longo caminho de volta para a Escócia. Graças à generosidade dos pais, eles viajaram de primeira classe — no carro-dormitório de São Francisco para Nova York, depois no deque superior do *City of Chester* para atravessar o Atlântico. Em 17 de agosto de 1880, exatamente um ano e dez dias após sua partida a bordo do *Vedonia*, Louis estava de volta à casa. Margaret e Thomas Stevenson os esperavam no porto de Liverpool, prontos para o abraço conciliatório. Passado mais um ano, chegou o dia em que Louis entraria na literatura mundial. Ele estava junto à lareira em uma cabana em Braemar, nas Terras Altas da Escócia, que seus pais haviam alugado para o verão. Havia enrolado um xale ao redor do pescoço, uma coberta de lã em volta das pernas. "Cá estou em minha querida pátria, lá fora o vento e o granizo caem docemente, e me aproximo mais e mais do fogo."[5] Naquele verão de 1881, excepcionalmente chuvoso mesmo para os padrões escoceses, o estado de saúde de Louis tinha mais uma vez piorado drasticamente. O médico o proibira de sair de casa com esse tempo. Semana após semana ele passava sentado, obediente, ao lado do fogo da lareira, escrevendo e lendo, escrevendo e lendo; e, apesar disso, quando sofreu uma hemorragia, o médico impediu-o de dizer sequer uma palavra durante a manhã. Se tivesse algo urgente a comunicar, ele o fazia por intermédio da sua própria linguagem de sinais. A casa ficou silenciosa. Fanny e a mãe de Louis ocupavam-se dos cuidados domésticos, o pai, Thomas Stevenson, ficava fora durante o dia, e Lloyd, nessa época um rapaz esperto e espigado de 12 anos, passava o tempo com lápis e aquarelas. Um pouco de movimentação era devida apenas ao pequeno *sky terrier* marrom que Fanny ganhara de presente de casamento de Walter Simpson, amigo de Louis. O cachorro era bonito, vivaz e mal-educado. Fanny o chamava de Walter, como seu doador; mais tarde, de Woggs, Woggy, Watty ou Wiggs.

Foi provavelmente em um dos últimos dias de agosto de 1881 que Louis pegou lápis e papel e fez um desenho — um mapa. Uma ilha pequena, desabitada, "nove milhas de comprimento e cinco de largura, com a forma de um dragão gordo, que está ereto, por assim dizer, e que tinha dois belos portos, protegidos pela terra, e uma montanha ao meio, marcada como o 'morro da luneta'".[6] Numa das baías encontrava-se uma escuna de três mastros. No oeste e no sul havia fortes correntes que tornavam uma ancoragem quase impossível, e a rebentação batia contra escolhos íngremes cinzas sobre os quais crescia um matagal denso. Louis pegou as aquarelas e pintou o oceano de azul, o matagal de verde, as pranchas do navio de marrom. Em seguida fez uma cruz em vermelho e escreveu ao lado, com uma caligrafia miúda e delicada: aqui tesouro principal. Depois, intitulou sua obra: *A Ilha do Tesouro*.

"Enquanto observava meu mapa da ilha do Tesouro, surgiram de repente do matagal as personagens do livro. Rostos marrons e armas brilhantes espocavam dos lugares mais inesperados, enquanto corriam de lá para cá no papel caçando o tesouro. Antes que eu soubesse o que estava acontecendo, já estava com uma folha de papel à minha frente e escrevia o sumário."[7]

Neste dia, Louis sentou-se e escreveu o primeiro capítulo, e depois do jantar ele o leu para Lloyd. No segundo dia, escreveu o segundo capítulo e, novamente, depois do jantar, entreteve o garoto com a história, e no terceiro dia, o terceiro. "Tudo foi pensado como uma simples diversão para um garoto, que estava condenado a ficar em casa sem fazer nada por causa do mau tempo", lembrou-se Fanny. Mas logo Louis percebeu que, além de Lloyd, um segundo garoto, bem mais velho, prestava atenção nele. "Meu pai ficou animadíssimo na hora... Ele não apenas ouvia, feliz, o novo capítulo a cada dia, como também participava ativamente do trabalho." Thomas Stevenson montou o conteúdo do baú de Billy Bones, batizou o velho navio do capitão Flint com o nome de *Walrus* e deu a ideia para a cena na qual o herói da história, o garoto de 12 anos Jim Hawkins, se esconde num tonel de maçãs e espiona os piratas.

Seguiram-se dias felizes na chuvosa Braemar. Por acaso aconteceu de os amigos de Louis, Colvin e Gosse, estarem de visita; e visto que os moradores da cabana eram amigos íntimos, uma rotina agradável e uniforme se organizou rapidamente. Todos os presentes sabiam que o centro dos acontecimentos era sempre o artista doente. Ele sempre passava a manhã na cama. Como estava proibido de falar na primeira metade do dia, Colvin e Gosse se revezaram para jogar xadrez com ele. Quando se cansava do jogo, empurrava o tabuleiro para o lado e pedia seu material de escrita; a partir daí, ninguém podia perturbá-lo até a hora do jantar. Depois da refeição, todos se reuniam no salão, e Louis apresentava o que tinha escrito durante o dia. "Não consigo me lembrar de prazer maior do que aquelas noites frias em Braemar", escreveu Gosse muitos anos mais tarde, "nas quais o vento chorava do lado de fora e o granizo batia contra a janela, enquanto Louis lia seu romance em progresso à luz da lamparina, e de como ele elevava a voz nas cenas dramáticas, gesticulando com as mãos".

Dessa maneira, a história avançava rapidamente. No primeiro capítulo, o velho lobo do mar Billy Bones entra em cena. No segundo, Jim Hawkins encontra o mapa do tesouro. No décimo capítulo, Jim parte com o mapa para o mar, seguindo para o sudoeste, e no décimo segundo, surge entre a neblina, depois de uma longa viagem, a ilha do Tesouro, na forma de um vulcão. No décimo terceiro, os caçadores de tesouro deixam a ilha; no décimo quarto, acontece a primeira morte; no décimo quinto, aparece o ilhéu Ben Gunn, que tinha passado três anos absolutamente sozinho por lá... e, de repente, Robert Louis Stevenson não soube como continuar. "Trabalhei 15 dias nisso e escrevi 15 capítulos, e depois, nos primeiros parágrafos do décimo sexto, perdi o fio da meada. Minha boca estava seca, e em meu peito não havia mais nenhuma palavra sobre a ilha do Tesouro."[8]

Talvez Louis tenha se esforçado demais nos primeiros 15 dias e estivesse no fim de suas forças; talvez também sofresse do comum bloqueio da escrita, que é tão difícil de explicar quanto seu contrário, o ato criativo. A falta das palavras foi ainda mais desagradável, pois Louis já tinha vendido o romance como folhetim para a revista londrina juvenil *Young Folks*, que queria publicar o primeiro capítulo dali a duas semanas, em 1º de outubro de 1881. Louis fez o que os escritores costumam fazer nessas situações. Aventurou-se saindo de casa novamente e foi passear, embebedou-se com os amigos e fez uma excursão até Edimburgo. Isso ajudou um pouco, mas não muito; de fato, ele terminou o capítulo 16, no qual se desenrola a luta entre os amotinados e os leais, e depois o 17, no qual a luta continua, assim como o 18, no qual há um morto, e os 19 e vinte, nos quais há muitos tiros. Ainda assim, não conseguiu voltar ao ritmo de um capítulo por dia; e, desse ponto em diante, muitos leitores ficaram com a impressão de que a história, nesses capítulos, ficava patinando de modo estranho.

Por fim, a ajuda veio de algo que sempre acode os artistas: uma mudança de ares. Até o final de setembro o estado de saúde de Louis tinha piorado tanto que ele novamente temeu por sua vida. Decidiu-se que ele deveria passar o inverno em tratamento em Davos, como no ano anterior. Fanny, Louis e Lloyd viajaram para a Suíça, passando por Edimburgo, Londres e Paris, e chegaram a Davos em 18 de outubro à noite.

Naquele inverno de 1881 o turismo de esqui alpino ainda não tinha sido inventado; demorariam sete anos até que um oficial britânico tuberculoso levasse seu ajudante de ordens para Davos. Este último tinha um par de esquis na bagagem e o deixou para trás na hora de voltar. Quando Fanny, Louis e Lloyd subiam da estação Landquart pelo Prättigau até o sanatório, numa viagem de trenó de oito horas, os Alpes suíços ainda não eram um destino de badalação, mas um lugar de beleza tranquila e imponente. Davos ficava solitária no planalto ventoso e sem vegetação do vale Landwasser, entre cumes de montanhas cobertos de neve — uma meia dúzia de casas de camponeses e celeiros espalhados, alguns hotéis e sanatórios, habitados por tuberculosos moribundos, que seguiam mais ou menos disciplinados as orientações do mundialmente famoso pneumologista Carl Rüedi.

Ao contrário do inverno anterior, os Stevenson não se hospedaram no Hotel Belvedere, mas escolheram o chalé Am Stein, que se localizava às margens do vilarejo, em um abrigo sombrio de imponentes rochas. No que se refere a Louis, ele não reclamava de ter de acompanhar a dieta do doutor Rüedi, que ao lado de duchas frias e diárias preconizava a ingestão de muito leite, carne vermelha e vinho tinto Veltliner. A contragosto, ele obedecia à proibição de fumar, assim como o limite de duas horas de trabalho por dia. O resto do tempo tinha de ser passado, assim como o dos demais pacientes, descansando nas espreguiçadeiras da varanda ou com treinamentos corporais, que se resumiam a passeios ofegantes na mesma trilha ascendente até os bosques de lárix. Louis empreendia com disciplina militar, dia após dia, os passeios ordenados pelo doutor, puxando sempre seu *sky terrier* Woggs atrás de si. Logo ele percebeu que sempre cruzava, e nos mesmos lugares, com os mesmos colegas de infortúnio, e que a neve sempre estava molhada nos mesmos lugares com a urina dos mesmos cachorros, e que nos mesmos lugares, nos quais os mesmos pacientes de longa data tinham seus pequenos ataques de tosse, a neve, às vezes, estava salpicada de sangue.

Nas primeiras semanas da estadia de sete meses, os Stevenson não se sentiam bem. Louis tossia sangue. Fanny sofria de pedras na vesícula. Lloyd estava gripado e quebrou um dedo. Woggle sofria de um abscesso dolorido na orelha direita, que não podia ser tratado por mais ninguém exceto Louis. No entanto, apesar de todo o sacrifício, a força criativa de Louis voltou. Deve ter sido em uma manhã de outubro, poucos dias depois da chegada, quando ele retirou o romance inacabado da bagagem para trabalhar durante suas três horas permitidas — "e veja só! As palavras voltaram a jorrar de mim como numa conversa amistosa ao pé da lareira; e assim terminei *A Ilha do Tesouro* numa segunda onda de trabalho árduo e divertido, e novamente ao ritmo de um capítulo por dia".[9]

Louis precisou de 14 dias para escrever os últimos 14 capítulos. Ao fim da história, o esqueleto entra em ação. Descobre-se que o mapa do tesouro não tem valor, e o tesouro principal é encontrado em um local inesperado; ao todo, 17 amotinados perdem a vida, e quando a *Hispaniola* iça âncora, carregada de ouro, e toma o curso para "o próximo porto na América Espanhola", deixa os três piratas sobreviventes entregues ao seu destino na ilha inóspita. No décimo quinto dia, Louis releu tudo. Viu que estava bom, colocou as folhas de papel num envelope e enviou-as para Londres. Em 22 de novembro de 1881, seu editor entregou-lhe um pagamento de 30 libras.

Não é preciso dizer que no mundo cheio de neve das montanhas suíças não se pode achar referências à pergunta se Robert Louis Stevenson se baseou em um modelo real para sua ilha do Tesouro. Certamente, ele viu corvos e trenós puxados a cavalos em Davos, mas não papagaios e navios piratas; e o panorama que se oferecia a Louis da varanda do chalé Am Stein — o Rhaetikon ao norte, o Piz d'Aela, o Tinzenhorn e o Piz Michel ao sul — não tem qualquer semelhança com os mundos tropicais. Mas vale registrar um detalhe: depois de terminar o livro, Louis deu um novo nome ao seu cão Woggs, que já acompanhava fielmente a família pelo segundo ano. Esse não é o tipo de coisa que se costuma fazer, pois é difícil para todos os envolvidos esquecer um nome conhecido e se acostumar a um novo. Woggle, porém, não se chamava mais Woggle, e também não Woggs, Woggy, Watty ou Wiggs, o que deveriam ter sido apelidos do original "Walter", mas Bogue.[10]

Bogue — esse é um sobrenome um tanto raro nos países de língua inglesa, e também não era um nome comum para um *sky terrier* no século XIX. Os motivos que levaram Louis a se esforçar em fazer valer o novo nome junto a Fanny, Lloyd e o próprio animalzinho, provavelmente, permanecerão um segredo eterno. O nome certamente não foi escolhido como homenagem a um amigo ou parente, pois na vida de Stevenson, de acordo com o que se sabe, nunca apareceu ninguém chamado Bogue. Os livros de hóspedes de Davos também não têm qualquer registro desse tipo, e mesmo na obra literária de Stevenson não aparece nenhum personagem com esse nome. Não há qualquer Bogue na sua vida — exceto uma pequena ilha vulcânica no oceano Pacífico em frente à Costa Rica. Ainda que Louis tenha jurado centenas de vezes que *A Ilha do Tesouro* não teve nenhum modelo real, o nome que ele deu ao seu cachorro dificilmente pode ser interpretado como algo diferente do que uma dica de que Stevenson conhecia muito bem a história da ilha do Coco. Afinal, como já foi mencionado, Bogue é o nome do homem que provou sua fidelidade ao caçador de tesouros John Keating com a própria vida, quando foi jogado ao mar em frente à ilha do Coco, ou assassinado a tiros ou enterrado vivo na caverna do ouro, e seu esqueleto — talvez — vigie até hoje o tesouro da igreja de Lima.

O pequeno e alegre *sky terrier* viveria mais quatro anos com o novo nome. Na primavera de 1885, Bogue atacou, em uma clínica veterinária em Bornemouth, na Inglaterra, um cachorro muito maior que ele e pagou sua valentia com a vida. Fanny, Lloyd e Louis ficaram inconsoláveis. A família nunca mais teve outro cachorro.

6 “Quero crer no melhor”

A maioria dos aventureiros e caçadores de tesouros só aguentou poucos dias na ilha do Coco, alguns três ou quatro semanas, e apenas um punhado ficou mais de meses. Um deles ganhou de todos os outros, e de longe, com muita facilidade — não em relação ao sucesso, mas na área da resistência e perseverança.

Talvez o fato de um alemão ter compreendido que caçar tesouros não era como jogar na loteria, mas que demandava uma abordagem metódica, não tenha sido por acaso. Ele se chamava August Gissler e era marinheiro. Quando colocou os pés pela primeira vez na ilha do Coco, em 1888, estava com 31 anos. Haviam se passado 67 anos desde que o tesouro de Lima sumira; quarenta desde que o primeiro mapa do tesouro começou a circular, e nove desde que Robert Louis Stevenson tinha lido no *San Francisco Call* a respeito dos fracassados caçadores de tesouro. Mas August Gissler não sabia disso, quando, por sua vez, pôs as mãos num mapa de tesouro. Ele acreditava que seu mapa fosse único e autêntico; e quando percebeu o engano, não podia mais voltar atrás e acabou investindo quase vinte anos de sua vida à caça ao tesouro na ilha do Coco.

Gissler nasceu em 19 de setembro de 1857 em Remscheid, perto da cidade de Soligen, o terceiro filho dos 11 de um fabricante de facas de médio porte. O pai tinha desejado que os filhos assumissem algum dia o negócio e que estes, no futuro, o passassem a seus próprios filhos. O primeiro filho, Hermann, cumpriu e ultrapassou essas expectativas;* o segundo, August, fez tudo ao contrário. Talvez porque ele não quisesse ser sempre o júnior no empreendimento do patriarca e o irmãozinho do primogênito, ou porque se arrepiasse em pensar numa vida em compasso de espera como comerciário em Remscheid. De qualquer modo, ele desapareceu da noite para o dia quando estava com cerca de 20 anos e foi ser marinheiro; a família ficou dez anos sem notícias. Como parece, depois de algum tempo ele desembarcou no Havaí e comprou uma pequena plantação de cana-de-açúcar vizinha à de um agricultor imigrante alemão chamado Barthels. Gissler vivia quieto e de maneira modesta, trabalhando arduamente em suas terras. Passava os domingos na casa de Barthels, que tinha se casado com uma havaiana e constituído uma família com ela. Certo domingo Barthels mostrou-lhe um mapa de tesouro, que supostamente havia pertencido a seu sogro havaiano, que parecia ter estado no mar quando jovem. O mapa trazia uma pequena ilha onde deveria estar o tesouro de Lima, mais precisamente em uma pequena baía no noroeste, a seis pés de profundidade.

August Gissler acreditou em tudo isso e ficou animadíssimo. Deixou tudo para trás, vendeu seu sítio e, em 11 de maio de 1888, foi com Barthels e o filho dele de 11 anos para São Francisco comprar um navio, que deveria levá-lo ao longo dos 4 mil quilômetros da costa oeste americana até a ilha do Coco. O navio devia estar apto a navegar em alto-mar e ser manejado por dois homens e um garoto de 11 anos, pois o caçador de tesouros dispensava marinheiros

---

* Hermann Gissler (1856-1919) foi o fundador da empresa Gissler & Pass em Jülich, o mais antigo e maior produtor de papelão ondulado da Alemanha, que hoje é comandada pela quarta geração da família na pessoa de Thomas Gissler-Weber. (N. do A.)

estranhos por razões de segurança. Gissler passou sete semanas procurando, em vão, por um navio apropriado no porto de São Francisco — ou era necessária uma tripulação bem maior, ou não cabiam provisões e materiais necessários, ou o navio não estava apto para navegar em alto-mar.

Naqueles dias, quis o destino que os caminhos de August Gissler e Robert Louis Stevenson se cruzassem. Louis estava em São Francisco de 7 a 28 de junho de 1888, antes de partir para sua viagem aos mares do Sul a bordo do *Casco*, que terminaria um ano e meio mais tarde em Samoa. August chegou em 3 de junho e ficou até o final de julho. Nada indica que Gissler e Stevenson soubessem um do outro.

Finalmente Gissler, Barthels e seu filho arrumaram passagens para um vapor até a Costa Rica, desembarcando no porto mais importante do país, Puntarenas. Embora estivessem a apenas 500 quilômetros da ilha do Tesouro, Gissler percebeu, no porto, que o segredo em relação à ilha do Coco tinha sido revelado fazia tempo.

"Já passaram várias expedições à procura daquilo", ele escreveu em uma longa carta à sua família em Remscheid. "Parece que um velho marinheiro morreu em um hospital em New Bedford, e antes disso revelou já ter sido um pirata e que o ouro estaria enterrado na ilha do Coco. [...] Então escutamos as pessoas falarem que elas estavam atrás do ouro e tinham um homem a bordo que dizia saber onde estaria o ouro, mas quando chegaram lá e não conseguiram encontrá-lo, acabaram voltando depois de três semanas. Quiseram vender a escuna no Panamá, não conseguiram e acabaram vindo para Puntarenas. Os marinheiros apontaram no mapa onde tinham cavado, eles disseram que lá havia buracos onde dava para enterrar uma casa, e depois me perguntaram onde tínhamos pensado cavar. Mostrei um lugar lá por perto, e então eles me disseram que eu deveria poupar meus esforços, que isso era perto do mesmo lugar onde tinham procurado, e por volta de meia milha ao redor estava tudo revirado. Parece que lá ficava a vila dos piratas. Mas nosso mapa mostra o outro lado da ilha. Agora tenho ainda mais confiança nele. Então perguntei às pessoas qual a situação do outro lado. Disseram que lá estava tudo coberto por trepadeiras, e que não era possível aportar pelo lado, pois estava cheio de pedras escarpadas. Não há dúvidas de que o ouro está na ilha: se um volume assim fosse descoberto, todos saberiam, pois deve valer algo entre 20 e 25 milhões de dólares. E não seria possível manter isso em segredo. Se vamos encontrá-lo é uma boa pergunta, mas quero crer no melhor, e então ninguém mais da nossa família terá de trabalhar, isso é certo."[1]

Nessas circunstâncias, Gissler e Barthels, se fossem sensatos, deveriam ter perdido a coragem e voltado para casa. Barthels realmente o fez, embarcando com o filho de volta para São Francisco e para sua plantação. Ele deixou o mapa do tesouro com August Gissler, pois este queria ficar. Para ele o fato notório de que o porto de Puntarenas fervilhava de caçadores de tesouro nada mais era que uma prova extra de que o tesouro realmente existia. Se ninguém ainda o tinha descoberto, só podia ser porque todos procuraram no lugar errado. Oito dias após a partida de Barthels, uma escuna sueca, levando cedro para o Chile, entrou no porto. O capitão precisava de seis homens em sua tripulação. August Gissler ofereceu-se como marinheiro, sob a condição de que no caminho o navio fizesse uma parada de duas semanas na ilha do Coco.

"Em 19 de setembro, exatamente no meu aniversário, partimos para o mar, mas havia muito pouco vento, conseguimos avistar a ilha do Coco, mas o vento que soprava na direção contrária e a correnteza levavam novamente para a baía do Panamá. Tentamos por uns 12 dias, sempre ancorávamos, mas não conseguíamos chegar mais perto; é que o navio era grande demais para nossa tripulação. Eu queria continuar tentando; o capitão, porém, disse que não podia mais esperar, ele precisava dar um jeito de chegar a Valparaíso. Estávamos sem muitas provisões, mas o capitão disse ter um irmão em Valparaíso, um velho capitão, que tinha alguns navios próprios — ele certamente emprestaria um dos seus e assim teríamos tempo para ficar até alguns meses na ilha. Assim, depois da viagem, chegamos no começo de dezembro..."

Em seus 73 dias a bordo, August Gissler teve muito tempo para pensar no que fazer a seguir. Ele estava consciente de que seu plano original — chegar à ilha do Coco, de preferência sozinho, sem ser observado, rapidamente pôr as mãos no tesouro e sumir novamente com a mesma rapidez e incógnito — não era possível. Para ter uma chance de êxito, a empreitada tinha de ganhar contornos maiores. O navio tinha de ser apropriado para o alto-mar e grande o suficiente para conseguir carregar muitas toneladas de ouro e pedras preciosas. Para isso era necessária uma tripulação de dez homens, no mínimo, e estes precisavam ser alimentados e pagos. Mas August Gissler não tinha dinheiro. Desse modo, acabou convencendo 14 comerciantes e funcionários públicos em Valparaíso a fundar com ele uma sociedade anônima. "Vendemos 3 mil dólares em ações para fazer frente aos custos do navio. Caso achemos a coisa, para cada 100 dólares as pessoas receberão 20 mil dólares, senão perderão o dinheiro. Em sua maioria, os recursos vieram de grandes comerciantes alemães; uma firma alemã chamada

'Benaro' subscreveu 400 dólares. Bem, como falei, se der certo, estamos feitos; se não, é preciso se contentar. Vocês não precisam espalhar a história para fora da família, deixem para quando tivermos encontrado a coisa."

Gissler fretou uma embarcação de 350 toneladas, a *Wilhelmina*. Quando foi lançada ao mar, todos os 14 acionistas se encontravam a bordo. Em meados de março de 1889 a *Wilhelmina* estava ancorada na baía Chatham, e August Gissler finalmente punha os pés na ilha do Coco. Ele deu uma primeira olhada e voltou para o navio, abriu o mapa em sua frente e comparou-o com a visão do litoral. Achou registradas as duas montanhas a leste e a oeste do lugar onde tinha ancorado. No mapa, duas linhas partiam dos topos dessas montanhas e seguiam em direção ao interior, cruzando-se algumas centenas de metros atrás da baía. Ao lado, escrito em espanhol: "Aqui enterramos em 1821 um tesouro muito valioso. Depois de enterrá-lo, plantamos uma palmeira bem em cima e determinamos o lugar com a bússola. O tesouro está a nordeste na visada da montanha de leste e 10 graus de norte na visada da montanha de oeste."

August Gissler e os acionistas foram a terra, montaram suas barracas e abriram trilhas pelo matagal. Eles rumaram para o ponto de convergência das duas linhas, derrubaram esperançosos a palmeira e começaram a cavar sob o calor úmido da floresta tropical. Derrubaram uma segunda palmeira e cavaram um segundo buraco, então uma terceira e uma quarta e uma quinta, enquanto chovia sem parar, dia e noite. Depois de um mês os suprimentos estavam chegando ao fim, e dez dos 14 acionistas não aguentavam mais e quiseram voltar para casa. August Gissler e três outros homens, no entanto, quiseram ficar. Os suprimentos restantes da *Wilhelmina* foram divididos em 14 partes, e quatro delas foram levadas a terra. Os dez caçadores de tesouro desencorajados prometeram voltar dentro de três meses com novas provisões.

Nesse meio-tempo, os quatro destemidos cavaram debaixo de cada palmeira que estivesse ao menos perto do ponto de convergência, ampliando cada vez mais seu campo de ação. Certo dia interromperam as escavações para caçar porcos e acabaram topando com as ruínas de uma pequena casa de madeira, inteiramente coberta por trepadeiras. Na porta havia um bilhete, em inglês e espanhol: "Em 31 de janeiro de 1884 o capitão Schwers, comandante do vapor *Neko*, encontrou essa ilha, desabitada, apossando-se dela em nome do imperador alemão." Os caçadores de tesouro retiraram as trepadeiras e entraram.

A *Wilhelmina* não voltou. Depois de meio ano, Gissler e seus homens começaram a temer que os outros acionistas os tivessem esquecido. Então, construíram um barco de troncos de árvores, cipós e folhas de palmeira, que deveria levá-los de volta à terra firme. Mas exatamente em setembro de 1889, quando o barco estava pronto para ser colocado na água, os acionistas voltaram, carregados de ferramentas e provisões. Os homens se lançaram mais uma vez ao trabalho, derrubaram palmeiras, cavaram e assim por diante. Depois de outros três meses, Gissler cedeu e voltou com todos os homens para Valparaíso.

Mas não por muito tempo. Já em outubro de 1890, ele tinha convencido seus acionistas da necessidade de uma nova expedição. Bem mais equipado em relação a ferramentas e mantimentos, ele aportou pela segunda vez, agora na baía Waver. Dessa vez, os homens aguentaram por quatro meses. Então acabaram por reconhecer que o mapa do tesouro não fornecia uma indicação precisa para o esconderijo. August Gissler, por sua vez, chegou a uma importante conclusão: ele não deveria continuar repetindo os erros de seus antecessores, fiando-se na sorte para cavar vários buracos por causa de mapas duvidosos e indicações superficiais. O único método razoável seria ampliar cada vez mais a busca em círculos concêntricos, que podiam tomar a ilha toda caso fosse necessário. A ilha era pequena — em comparação à vastidão do oceano —, mas parecia gigante para um homem que se dispusesse a revirá-la por completo, a vários metros de profundidade, com picaretas e pás. Ele precisaria de muito tempo — muito mais tempo que o oferecido pela expedição mais bem equipada. August Gissler decidiu ficar na ilha do Coco pelo resto de sua vida.

Ele voltou para Puntarenas e mais adiante, até a capital da Costa Rica, San José, a fim de conseguir uma concessão do governo para montar uma colônia agrícola na ilha do Coco. Em julho de 1891, o presidente José Joaquín Rodriguez Zeledón conferiu-lhe tal documento, sob a condição de que ele levasse 50 famílias de alemães como colonos para lá. Além disso, o presidente entregou-lhe um mapa do tesouro da ilha do Coco que estava sob poder do governo por um motivo desconhecido. Embora fosse muito semelhante ao de Gissler, esse mapa trazia o esconderijo muito mais próximo da praia.

No inverno de 1891-1892, August Gissler viajou para a Alemanha a fim de recrutar famílias e novos acionistas. Na velha pátria, porém, ninguém estava muito disposto a partilhar de sua animação por tesouros de piratas e férteis ilhas vulcânicas. Após quatro meses, sem cumprir seu objetivo, ele voltou para Nova York, São Francisco e Puntarenas — e iniciou sua terceira expedição à ilha do Coco. Já que nenhum colono queria acompanhá-lo, ele jogaria novamente na loteria e tentaria a sorte com o mapa do tesouro do governo costa-riquenho.

O novo local de escavação ficava na praia de pedras, cerca de 15 metros atrás do limite da maré cheia. Gissler cavou até que a água entrou por todos os lados e a pedra se rompeu. Ele esperou a maré baixar e continuou a cavar. Represou um rio próximo e o desviou para longe do local de escavação até o mar. Com muito esforço, alcançou a profundidade de dois metros, mas encontrou um lençol freático e não conseguiu mais continuar. Ele corretamente supôs que os piratas tiveram de lutar com os mesmos obstáculos intransponíveis na hora de escavar e que era impossível o tesouro estar mais fundo. Então cavou um segundo buraco bem ao lado do primeiro, depois um terceiro e um quarto e um quinto, e passado um mês, quando já tinha revirado boa parte da praia, desistiu.

A travessia até a terra firme durou cinco dias; tempo suficiente para August Gissler digerir a decepção e criar novas esperanças mesmo a partir da menor oportunidade. Essa surgiu logo depois de aportar, ao ler no porto de Puntarenas, no *New York Herald*, um artigo sobre um tal Mister Young de Boston, que supostamente era genro de John Keating e afirmava saber detalhes sobre a localização do tesouro de Lima. August Gissler colocou-se imediatamente a caminho de Boston, a 6 mil quilômetros de distância, pagou 700 dólares a Mister Young como taxa de informação e percebeu, já na primeira vez em que o examinou, que o mapa de nada valia. Ainda assim, retornou a Puntarenas e voltou à ilha do Coco com o navio postal, com a promessa de que essa mesma embarcação voltaria para buscá-lo duas semanas mais tarde.

August Gissler não precisou das duas semanas para se convencer da inutilidade do mapa do tesouro de Mister Young. Haviam se passado cinco anos desde que ele deixara sua plantação de cana-de-açúcar no Havaí. Todas as suas economias foram consumidas havia muito tempo, assim como o capital de seus acionistas, e tudo o que ele tinha encontrado até então eram inúmeros locais na ilha do Coco onde o tesouro com certeza *não* estava.

Quando a Costa Rica elegeu seu novo e jovem presidente, Rafael Yglesias Castro, em 8 de maio de 1894, August Gissler marcou uma audiência. Para atrair colonos alemães para a ilha, era preciso oferecer-lhes terrenos, ele explicou à autoridade de 32 anos; para tanto, o Estado devia lhe conceder a parte oeste da ilha do Coco — aquela onde se supunha estar o tesouro; a parte leste seria dividida em lotes e reservada para os colonos. O presidente, a princípio, não gostou muito da ideia, mas finalmente concordou.*

Como era *de fato* o dono da ilha do Coco, August Gissler empreendeu uma segunda viagem, dessa vez com mais sucesso, para a Alemanha. Em primeiro lugar, ele queria persuadir seu irmão mais velho, Hermann, além das irmãs Alma, Emmy, Anna e Johanna a investir; em troca lhes

---

* August Gissler explicou ao irmão Hermann, por carta, as condições exatas: "... segundo esse contrato, caso eu encontre o tesouro até 1º de janeiro de 1900, o governo me dará 3 mil hectares de terra na ilha como propriedade e a cada família o tanto que tiverem cultivado, mais a metade. Aqui estão algumas outras pessoas, que estavam no governo e queriam procurar pelo tesouro. Por isso fiz o novo contrato. [...] O governo reclama para si um terço do tesouro, no caso de eu o encontrar, e então eu ainda teria de entregar uma porcentagem 'x' dele às pessoas. O que nos resta é a metade. Se encontrarmos algo, está bom; pois é tão grande que eu e vocês estaríamos mais que satisfeitos com a metade. Se nada encontrarmos, a terra é nossa, e com o tempo isso valerá um bocado de dinheiro." (N. do A.)

deixaria em testamento grande parte da ilha. Em segundo lugar, ele se casou com uma moça de quem não se sabe nada além do nome, Clara. E, em terceiro, encontrou seis famílias que concordaram em fundar junto com ele uma colônia alemã na ilha do Coco. O navio postal do Pacífico desembarcou os colonos na baía Chatham em 13 de dezembro de 1894. Eles tinham trazido vigas, tábuas, pregos e outros materiais de construção de Nova York, além de sementes, galinhas, patos e perus do Panamá. A primeira coisa que fizeram foi construir suas casas, arar a terra e plantar cana-de-açúcar, banana, hortaliças e café. Em maio de 1895, quatro outras famílias e três homens solteiros juntaram-se à colônia. Nessa época, viviam na ilha do Coco mais de 50 pessoas, algo inédito. O governo conferiu a August Gissler a cidadania costa-riquenha e o nomeou governador da ilha do Coco. Além disso, ficou combinado que um navio com provisões viria mensalmente à ilha.

Os colonos alemães tinham esperado por uma vida melhor, por felicidade e prosperidade como donos de plantações no sol eterno do sul. O dia a dia na ilha abriu-lhes os olhos rapidamente. Enquanto August Gissler escavava à procura do tesouro da igreja, os homens da colônia esforçavam-se em plantar batata e milho no terreno lamacento, e nas cabanas as mulheres defendiam os bebês dos ratos e insetos. Após alguns meses os primeiros colonos desistiram e voltaram com o navio de suprimentos para a terra firme. Três anos depois, as últimas três famílias tinham desaparecido; e como o funcionamento do navio de suprimentos foi interrompido em dezembro de 1898, August e Clara Gissler ficaram quase dois anos sozinhos na ilha do Coco. Os mantimentos terminaram primeiro, em seguida as ferramentas para cavar estavam gastas e, por fim, acabou a munição. Em outubro de 1900 a necessidade era tanta que Gissler construiu um barco com as próprias mãos, içou os lençóis da cama de casal como velas e velejou por três dias com Clara até chegar em terra firme — para retornar pouco tempo depois à ilha do Coco.

Em novembro de 1904, August Gissler estava novamente em Nova York para recepcionar uma sociedade de caçadores de tesouro britânica. Nessa ocasião, o governador da ilha do Coco, certamente já à beira da loucura, concedeu uma entrevista ao *New York Times*.

"Capitão Gissler é um homem de 47 anos e uma imagem viva do Moisés de Michelangelo", escreveu o repórter, visivelmente impressionado. "Sua barba ruiva chega até seu quadril, o cabelo cresce farto sobre sua cabeça maravilhosamente autoconfiante, o olhar é claro e penetrante como o de uma águia, o nariz clássico, a voz é grave e delicada. Ele tem 6 pés e 3 polegadas* de altura e seu corpo tem a forma de um triângulo, como os homens devem ser: ombros largos e quadris estreitos, com uma tendência a engordar quase imperceptível. Sua mão é tão grande como a mão da Providência e o punho tão forte que seria possível usá-lo para bater pregos. 'Coco'", disse o governador Gissler na véspera de sua partida, "é sem dúvida de origem vulcânica. Nossa maior montanha tem 2.500 pés de altura. Temos sete rios. Um forma uma cachoeira de mais de 600 pés de altura, e um outro, uma catarata de 500 pés. Ou seja, a 100 pés de minha residência tenho à disposição uma potência de 2 mil cavalos."

"Como é o solo?"

"Temos areia, argila e barro escuro. O solo é muito fértil e a vegetação muito rica. As florestas são maravilhosas.

---

* 1,90 metro. (N. da E.)

Há muitos cedros brancos e amarelos, de madeira muito pura, muito adequados à fabricação de lápis."

"Como é o clima?"

"A temperatura oscila entre 17 e 32 graus Celsius. Não é preciso usar aquecimento, não vestimos casacos e não nos importamos com o calor. Uso um macacão durante o ano todo e me sinto muito bem. Chove dez meses por ano, e em dois há tempestades. A água é a mais pura do mundo. Nunca pedi uma análise dela."

"Há animais selvagens?"

"Há muitas espécies de pássaros, mas nenhum é comestível. Só são bonitos de se ver, cacatuas, papagaios e coisas assim. As florestas estão cheias de porcos selvagens. Se preciso de carne fresca, caço um. Na água há milhares de peixes, mas esses peixes tropicais, o senhor sabe, não são especialmente comestíveis."

"Imagino que o senhor crie animais."

"Tive alguns animais, cavalos, ovelhas, galinhas. Mas durante minha última viagem aos Estados Unidos, veio uma expedição de Vancouver que os matou todos."

"Como seu povo permitiu isso?"

"Meu povo? Não tenho ninguém."

"Quero dizer — sua gente."

"Oh, não há gente. Apenas eu e minha mulher vivemos na ilha."

"E quando o senhor está fora?"

"Ela vem comigo. Deixamos os animais, os cavalos e tudo o mais. Eles sempre têm o suficiente para comer."

"Sem filhos?"

"Nenhum. Que bem faria um bando de crianças na ilha do Coco? Só trazem aborrecimento. Elas iriam querer estar sempre em terra firme."

"Sua mulher não se sente só?"

"Não onde eu estou. Ela gosta de lá. Além disso, há muito trabalho. Nós dois trabalhamos."

"O que o senhor faz?"

"Há pouco organizei um plantio de tabaco. No barro escuro consigo tirar meia tonelada por acre em seis semanas, e logo em seguida posso plantar novamente, colhendo mais uma vez 400 quilos. Se quiser, posso plantar várias vezes ao ano e colher uma tonelada e meia por acre."

"Isso soa inacreditável, governador."

"Mas é verdade. Vendo minha colheita na Costa Rica a 50 centavos o quilo."

"Um homem sozinho não consegue dar conta de muitos acres. Por que o senhor não traz mão de obra de fora?"

"Certa vez levei 18 alemães, com suas famílias, e pensei que eles iriam se esforçar na plantação e ficar ricos. Mas, em vez disso, em pouco tempo eles instigaram uma rebelião."

"E o que aconteceu com a rebelião?"

"Eu a sufoquei."

"De que forma?"

"Graças a meu poder como governador da ilha do Coco impetrei a lei marcial, apontei minhas grandes pistolas para os rostos dos alemães e obriguei-os a desistir. Eles baixaram as armas que tinham e a paz foi restabelecida. Mas depois desse incidente mandei todo o bando pro diabo."

"O senhor é, em uma só pessoa, governador, general, coronel e todo o exército; além disso, promotor público, juiz, jurado e agente funerário?"

"Tudo isso, correto. Preciso ser tudo isso." [...]

"Quais são seus próximos planos, governador?"

"Vou trazer uma leva de agricultores para Coco e plantar 50 mil seringueiras. [...] E há mais uma coisa que me interessa: ginseng. O que é isso, afinal? Para que serve? Escutei que se pode obter muito lucro com o ginseng, até 50 mil dólares por acre. Vou levar algumas raízes e ver o que pode ser feito."[2]

Poucos dias depois da entrevista August Gissler voltou para a ilha do Coco, juntamente com sua fiel Clara. Se ela compartilhava o entusiasmo incondicional do marido, não se sabe. O que se sabe é que durante todos esses anos ela não o deixou. E também é certo que August Gissler não ficou rico com tabaco nem com borracha ou ginseng. As mudas de tabaco apodreceram, as seringueiras morreram, as raízes de ginseng afundaram na lama. E depois de alguns meses aconteceu novamente de a comida ter chegado ao fim e a munição das armas ter umedecido, dadas as chuvas constantes. Para conseguir reposição na terra firme, August Gissler construiu um barco e içou os lençóis. E prometeu à sua Clara voltar em no máximo seis semanas. No meio do caminho, uma tempestade o desviou de sua rota, de maneira que ele não desembarcou em Puntarenas, mas a centenas de quilômetros mais ao sul, na costa do Panamá. Ele levou mais de meio ano para regressar à ilha do Coco. Quando o navio postal finalmente o desembarcou na baía Chatham, ele encontrou sua Clara com ótima saúde — embora ela tivesse levado um tombo feio no dia da partida de August, quebrando o braço. Ela imobilizou o membro com madeiras e cipós, e este voltou a se consolidar de maneira bem razoável. Com o outro braço ela tinha montado armadilhas e se alimentado dos animais que pegava.

É bem possível que, naquele momento, vendo sua corajosa mulher tão sozinha na praia da baía Chatham, August Gissler tenha caído em si. É provável que naquele minuto ele tenha percebido que já havia infligido a ela — e a si mesmo — sacrifícios suficientes. No entanto, talvez ele só estivesse preocupado com o braço de Clara e quisesse mostrá-lo a um médico. De qualquer maneira, Clara e August Gissler subiram a bordo do navio postal em 6 de novembro de 1905 — sem saber que se despediam para sempre da ilha do Coco. Chegaram a Puntarenas em 8 de novembro, uma semana depois deveriam estar voltando à ilha. Mas o destino quis que em 11 de novembro chegasse uma carta do seu irmão Hermann, de Remscheid. Nela dizia estar muito doente, e pedia seriamente ao irmão que voltasse para casa e assumisse a direção da fábrica de papel em Betzdorf até sua recuperação. "Volto para casa, com prazer em ajudar", respondeu August. "Por outro lado, não me agrada deixar a ilha — mesmo que temporariamente —, pois ainda não concluímos alguns trabalhos em relação ao tesouro. Mas naturalmente é meu dever ajudar Hermann; e a ilha terá de esperar por algum tempo."

Clara e August tomaram o próximo vapor que passava pelo Panamá até Nova York, e continuaram viagem até a Antuérpia, onde chegaram em 27 de dezembro. Em casa, em Remscheid, porém, descobriu-se que nesse meio-tempo o estado de saúde de Hermann tinha melhorado assombrosamente. "Hermann está novamente bastante bem", August anotou em 6 de janeiro de 1906. Se ele suspeitou que o irmão tinha se fingido de doente apenas para trazê-lo de volta para casa, depois de vinte anos longe, manteve a suspeita para si. Durante três ou quatro meses, August tentou achar algo de útil para fazer na fábrica de papel. Mas não aguentou e foi embora novamente.

August e Clara Gissler nunca mais voltaram para a ilha do Coco. Eles se fixaram em Nova York, vivendo em condições precárias junto às irmãs de August, Alma e Emmy, que ganhavam a vida como empregadas domésticas. Alma tinha emigrado para os Estados Unidos ainda jovem, Emmy deixara a Alemanha quando seu casamento acabou. August Gissler viveu até o fim na certeza de ser um homem rico. Pois mesmo que não tivesse achado o tesouro de Lima, ele se considerava o proprietário legal da ilha do Coco. Quando sua Clara morreu em 1925, ele — acometido por reumatismo e problemas estomacais na velhice — continuava falando sem parar que alguém tinha apenas de lhe emprestar uma pequena quantia em dinheiro para que ainda conseguisse achar o tesouro. E quando percebeu que isso não aconteceria, tentou vender a ilha como base para a Marinha americana. Outro fracasso. August Gissler morreu em 8 de agosto de 1935, com 78 anos. Seu testamento dispunha que a propriedade da ilha do Coco deveria ser repartida entre 13 parentes, amigos e investidores. E continuava, dizendo que as terras não podiam ser vendidas por menos de 200 mil dólares.* Mas como a avaliação oficial partia de um valor de no máximo 500 dólares, os herdeiros apresentaram uma reclamação ao governo da Costa Rica. Eles receberam a informação de que, como August Gissler

* O testamento de Gissler data de 5 de fevereiro de 1929 e foi publicado no *New York Times* em 13 de novembro de 1935. Segundo o documento, suas duas irmãs nova-iorquinas, Alma e Emmy, deveriam receber 3/20 cada da propriedade da ilha do Coco, assim como dois amigos em Nova York e Ocean City. Suas irmãs Anna e Johanna, de sua cidade natal Remscheid, deveriam receber 1/20, assim como o sobrinho Walter Gissler, que tinha assumido a direção da empresa da família, e seu tio Richard Berger, fabricante de papel em Wolkenburg (Saxônia), e mais outras quatro pessoas. (N. do A.)

não havia encontrado o tesouro nem conseguido organizar uma colonização duradoura, nunca foi proprietário da ilha do Coco, mas apenas recebeu-a como usufruto. Ou seja, não era possível se falar de uma herança propriamente dita.

7 O duende da garrafa

Os samoanos amavam o simpático escocês, tão diferente dos senhores sisudos da sociedade comercial alemã. Eles admiravam a grande casa que tomava forma em Vailima, e os inacreditáveis tesouros que ele juntava no seu interior. Stevenson era mais alegre, generoso e charmoso do que todos os outros europeus de Samoa; e como seu clã não parava de crescer, ele tinha de ser um chefe grande e bondoso. Nos primeiros meses, Louis, Fanny e Lloyd ficaram sozinhos em Vailima, mas logo depois Belle, a filha de Fanny, veio juntar-se a eles com o filho, Austin; em seguida chegou seu marido, Joe Strong; e finalmente a mãe de Louis, Margaret Stevenson, e seu primo Graham Balfour.

E para manter Vailima em ordem, Louis contratou 12 empregados domésticos e agricultores; no total, eram vinte a trinta homens vivendo do seu dinheiro. Além disso, havia os custos de vestuário, alimentos e remédios. As experiências de jardinagem de Fanny também custavam dinheiro, assim como sua destilaria de perfume, que nunca chegava ao ponto de entrar em produção, ou seu gado, que sempre se perdia no mato. Os pequenos anéis dourados com os quais Belle presenteava a empregada custavam dinheiro. As botas de equitação de Lloyd custavam dinheiro, assim como seu cavalo, sobre o qual comandava os agricultores, além da máquina de gelo, que ele tinha trazido da Escócia e que nunca funcionou direito. A paixão de Joe Strong por *schnaps* e mulheres custava dinheiro. A casa maravilhosa, sempre ameaçada de ser engolida pelo matagal, custava dinheiro. E logo que o pequeno Austin fosse à escola na Califórnia, também custaria dinheiro.

Louis encarava todas essas obrigações com o sentido de dever de um chefe de clã escocês. Cuidava para que a oração fosse dita à mesa todos os dias, ministrava aulas de religião e história às crianças. No Natal, na Páscoa e em Pentecostes ele distribuía *kilts* escoceses com o padrão dos Stuart aos empregados domésticos samoanos, ordenando-lhes que os usassem sobre seus quadris tatuados. E quando um trabalhador forçado fugia das chibatadas dos capatazes das plantações alemãs até Vailima, Louis o acolhia e pagava a indenização à associação comercial.

No começo de 1891, a Sociedade Missionária de Londres pediu-lhe um artigo para a revista missionária semanal *O le Sulu o Samoa*, a primeira e única publicação em língua samoana. Louis deveria elaborar uma história para ajudar na formação moral dos nativos, e os missionários a traduziriam do inglês para o samoano. A história chamava-se "O duende da garrafa"[1] e foi editada em capítulos de maio até dezembro de 1891. Todos os samoanos alfabetizados a acompanhavam com interesse apaixonado, durante meses ela foi o assunto principal de conversas por toda Upolu — e até o fim de sua vida Robert Louis Stevenson não pôde evitar que os samoanos o vissem como o herói da história, encarando-o como um misto de reverência, piedade, inveja e aversão.

Os samoanos não conheciam a diferença entre ficção e realidade. O que sabiam das letras até então era a Bíblia e sua interpretação pelos missionários; toda palavra impressa era a palavra de Deus, de cuja verdade não era possível duvidar. Portanto, eles também liam a história de Louis como mais um capítulo da Bíblia, ou seja, como um relato factual — e imediatamente ficou claro para todos quem se escondia por trás do pequeno herói disfarçado da história. O fato de ele se chamar Keawe e não Louis não enganava ninguém em Apia; muito menos que a história se passasse no Havaí e não em Samoa. Quem tinha olhos para ver não tinha dúvidas — menos ainda durante a descrição da casa do infeliz herói, que em sua juventude tinha alcançado, de maneira inexplicavelmente rápida, uma riqueza de contos de fadas.

"A casa ficava um pouco mais acima do pé da montanha, ao alcance da visão dos navios. Mais para cima da montanha, o matagal avançava até as nuvens. Embaixo, penhascos de lava negra cresciam e abrigavam os antigos reis há muito tempo enterrados. A casa ficava em um mar de flores, por sua vez circundado por uma horta de papaias e frutas-pão. E na frente da casa, na direção do mar, havia um mastro de navio no qual tremulava uma bandeira. A casa tinha três andares, quartos e terraço amplos em cada andar. O vidro das janelas era transparente feito água e claro como o dia. Móveis valiosos decoravam os quartos, e quadros em molduras douradas fixados nas paredes exibiam navios, cenas de lutas e mulheres bonitas. Em nenhum lugar do mundo havia quadros de cores tão claras e radiantes como na casa de Keawe. Por todo lado topava-se com as mais finas e exóticas quinquilharias: relógios de pé com sinos, caixinhas de música, homenzinhos pequenos, que assentiam com a cabeça, maravilhosos livros ilustrados, armas valiosas de todos os países do mundo e todo tipo de brinquedos. Como ninguém realmente queria viver nesses quartos, mas apenas atravessá-los e admirá-los, a largura das varandas era suficiente para que toda a população da cidade pudesse ficar por lá confortavelmente. Keawe não sabia qual terraço era seu preferido — o de trás, no qual a brisa da terra soprava no nariz e se olhava para os pomares e as flores lá de baixo, ou os da frente, onde se aspirava a brisa do mar..."[2]

Apesar de sua casa maravilhosa, Keawe não conseguia ser verdadeiramente feliz. É que sua riqueza tinha sido consequência de um pacto com o diabo. Não fazia muito tempo, ele era um garoto pobre, porém digno, que "sabia ler e escrever como um professor", e que tinha viajado o oceano Pacífico por muito tempo como marinheiro. Certo dia, porém...

"...ele teve a ideia de ver o imenso mundo e cidades estrangeiras, e assim embarcou em um navio e viajou até São Francisco.

"Esta é uma cidade grande e bonita com um belo porto e inúmeros moradores ricos; um dos morros, sobretudo, está coberto com palácios. Keawe foi passear nestes morros, estava com os bolsos cheios de dinheiro e admirava satisfeito as enormes casas de ambos os lados da rua. 'Que casas bonitas!', ele pensou, 'e como as pessoas devem ser felizes lá dentro, despreocupadas em relação ao futuro'.

"Então Keawe chegou a uma casa que era menor do que as outras, mas mais bonita e reluzente de cima a baixo; a escada brilhava feito prata, os arbustos vicejavam como guirlandas de flores, e as janelas cintilavam como diamantes. Keawe ficou parado, admirado. Logo percebeu que um homem o observava através de uma das janelas. Esse homem era careca e tinha uma barba preta. Seu rosto era marcado por graves preocupações, e ele suspirava amargurado. De fato era assim, mas nesse momento ambos invejavam um ao outro — Keawe ao homem, e o homem a Keawe."[3]

É que o velho devia sua fortuna a um duende, que estava metido numa pequena garrafa e que satisfazia até o menor desejo do seu amo — amor, fama, sorte na luta, todas as riquezas deste mundo —, além daqueles de saúde física e uma vida mais longa. O xis da questão, entretanto, era que quem tivesse a garrafa em seu poder, na hora da sua morte, seguiria irredutivelmente para o inferno. E só era possível passar a garrafa adiante vendendo-a por um preço mais baixo do que aquele pelo qual tinha sido comprada. E isso em moeda sonante. Há muitos séculos, o diabo tinha posto a garrafa no mundo a um preço milionário, e desde então ela tinha passado de mão em mão através da história da humanidade, ficando cada vez mais barata. Napoleão Bonaparte foi um de seus donos, e graças a ele ascendeu no mundo antes de passá-la adiante e ser derrubado. Graças à garrafa, o capitão James Cook descobrira inúmeras ilhas no Pacífico, antes de vendê-la e ser assassinado no Havaí. E agora havia esse velho em São Francisco, que tinha pagado noventa dólares pela garrafa e que há muitos anos procurava por alguém a quem vendê-la por um preço mais baixo. "Aproveite você também o poder do duende de maneira controlada para seus objetivos", o homem disse para Keawe, "e revenda a garrafa do mesmo modo como eu a revendi a você, e viva feliz e satisfeito até o fim de seus dias".

Na história de Stevenson, Keawe embarcou na história, mas teve o azar de não encontrar um comprador para a garrafa. Para os samoanos estava mais que óbvio que Keawe não podia ser outra pessoa que não Robert Louis Stevenson. Afinal, Louis não era rico como num conto de fadas? Não era ele um homem alegre como Keawe, que não fazia outra coisa senão cantar sua felicidade em voz alta, quando estava em sua bela casa? Por outro lado, ele não vivia doente, e o duende da garrafa nada podia fazer? Ele não era tomado subitamente pela tristeza quando sentia que não estava sendo observado? E qual o mistério de sua mulher, Fanny? Os samoanos a chamavam de Aolele, nuvem voejante, porque seu rosto, onde há pouco aparecia um sorriso, podia se transformar de repente. Por vezes, as empregadas tinham visto lágrimas furtivas, para as quais não havia explicação. Para tudo isso, decidiram os samoanos, a história de Keawe oferecia uma explicação. A garrafa com o duende devia estar escondida em algum lugar em Vailima. Se isso fosse verdade, Louis tinha de se livrar rapidamente dela, a fim de resguardar sua alma do inferno. Seria possível que ele não encontrasse comprador? Teria ele cometido a tolice de ter comprado a garrafa a um centavo, o menor preço possível, de maneira que nenhum comprador, mesmo que aparecesse algum, pudesse superá-lo? Seria possível que a alma de Louis estivesse irremediavelmente perdida?

O próprio Robert Louis Stevenson se esforçou até o final da vida, em vão, para explicar aos seus visitantes samoanos a diferença entre ficção e realidade. "Às vezes aparece gente aqui para visitar minha modesta casa. Eles admiram meu teto Vanderputty e os tapetes de gobelin, e no final da visita surge um desconforto, uma irremediável vontade de tocar. Dá para perceber como elevam seus ombros morenos e como reviram os olhos, e por último acabam soltando: então onde está a garrafa?"[4]

8 Onde está o tesouro?

É muito espantoso que, durante 150 anos, nem um único mapa de tesouro, nenhuma imagem de satélite e nenhum detector de metais tenha indicado o local exato do tesouro, e que nem o esforço metódico dos alemães, a genialidade fortuita dos franceses ou mesmo a violência bruta da dinamite americana e suas escavadeiras tivessem alcançado seus objetivos. Na verdade, poderia se saber com bastante segurança o local onde o tesouro da igreja de Lima estaria escondido. Segundo alguns relatos, o *Mary Dear* só pode ter ancorado a noroeste da ilha, nas baías Chatham ou Waver; estes são os únicos locais de ancoragem seguros para um navio com toneladas de carregamento. De lá, os homens de Thompson não tinham outra alternativa senão colocar as caixas do tesouro em botes e remar com eles até essas duas praias. Depois de descarregar, com todo o peso, não poderiam ter se embrenhado muito no interior da ilha. Afinal, a praia tem apenas 10 ou 20 metros de largura, e em seguida o terreno eleva-se como um precipício, com a selva tomando conta de tudo. Entrar nela já é penoso e cansativo mesmo quando não se está carregando uma caixa de centenas de quilos. E para esconder o tesouro no interior da ilha, os homens de Thompson teriam de ter aberto uma picada de, no mínimo, 2 metros de largura. Eles teriam de ir de lá para cá nesse caminho dezenas de vezes, sempre muito carregados. Certamente se formaria uma trilha, sobre a qual nenhuma grama iria crescer durante muitos meses, e que por muito tempo serviria como um tapete vermelho para o esconderijo. Depois de poucas semanas, porém, os soldados revistaram as duas baías em companhia de Thompson e de Maat e não reconheceram nenhum dano na vegetação. Por esse motivo, dado o acesso fácil e rápido, apenas as praias, no máximo o curso de um rio pequeno, serviriam como pequenos esconderijos. Mas este rio não é fácil de ser seguido, pois corre morro acima e cai sobre rochas gigantes em bacias profundas.

Até hoje quase todos os caçadores de tesouro concentraram-se nas duas faixas de terra nas baías Chatham e Waver, que juntas talvez alcancem as dimensões de dois ou três campos de futebol. No século XX, alguns caçadores de tesouro ampliaram os locais de busca em algumas centenas de metros quadrados no fundo do mar rochoso, que aparece na maré baixa. No entanto, todas as suposições de esconderijos com base arenosa — tanto na areia quanto na água — não são levadas em consideração, já que na areia todo o ouro afundaria, devido ao seu alto peso específico. Em resumo, resta uma área bem definida, que foi constantemente vasculhada e revirada, picaretada e peneirada, e explodida pelos ares — e sempre sem sucesso. Então chega a hora de colocar uma questão fundamental. É a seguinte: será que o capitão Thompson realmente enterrou o tesouro na ilha do Coco? Não será mais provável ele ter atracado em outra ilha?

É uma imagem popular e romântica de que os piratas, depois da batalha e do saque bem-sucedido, procuravam o mais rapidamente possível uma ilha distante, esquecida por Deus, a fim de enterrar o butim na praia, escondê-lo em uma caverna ou afundá-lo perto da costa. Na realidade, poucas vezes foi assim. Em primeiro lugar, os bens roubados quase nunca eram moedas de ouro ou pedras preciosas, resistentes à água e às intempéries. Ao contrário, eram muitas vezes café ou seda, açúcar ou tabaco. Estas mercadorias perecíveis não podiam ser enterradas nem escondidas, mas precisavam ser trocadas por dinheiro o mais rápido possível, no porto mais próximo. E mesmo que o butim fosse composto por metal precioso, raramente os piratas tinham oportunidade de enterrá-lo em algum lugar, sob as mais desfavoráveis condições, apenas para talvez recuperá-lo em algum dia longínquo. Eles viviam um dia após o outro e não tomavam quaisquer precauções em relação ao futuro, pois, de qualquer maneira, não esperavam muito dele além de balas enfiadas na cabeça, uma faca no peito ou uma corda no pescoço. Era costumeiro dividirem o saque imediatamente após o roubo, rumarem para algum porto cujas autoridades não faziam muitas perguntas e gastarem tudo rapidamente, com bebida alcoólica, prostitutas e jogatina, para depois preparar o próximo ataque. Somente poucos capitães, como Henry Every, Henry Morgan e Thomas Tew foram espertos e sagazes o suficiente para realizar o sonho da riqueza repentina, comprar sua inocência e levar uma vida próspera e de acordo com padrões burgueses.

Desde os dias de Thompson e Keating, sempre houve um punhado de homens convencidos de serem os únicos no mundo a conhecer a exata localização do tesouro na ilha do Coco: em uma caverna aberta pelos piratas, escondido atrás de uma pedra; em uma caverna natural, que só ficava visível na maré baixa; debaixo das raízes dessa ou daquela palmeira, a tantos passos de distância dessa ou daquela rocha, e nessa ou naquela direção. Tratava-se geralmente de mapas feitos a mão, que pareciam antiquíssimos, muito peculiares e extremamente autênticos — embora poucos donos desses mapas tivessem algum dia levantado a questão de por que, santo Deus, Thompson, Davis ou Bonito fariam um mapa, quando: 1) enterraram eles mesmos o tesouro e conheciam muito bem sua localização; 2) pensavam em resgatá-lo o quanto antes; e 3) não lhes passava pela cabeça passar essa tarefa para alguma outra pessoa.

É também notável o fato de que a maioria dos caçadores de tesouro nunca perdesse sua crença inabalável, nem depois das piores decepções, que sempre se repetiam. Sempre responsabilizavam as decepções às mais adversas condições: alguns eram pobres demais, doentes demais ou ricos demais para ao menos iniciar a viagem; outros tinham conseguido chegar à ilha do Coco, mas com tempo desfavorável, equipamentos insuficientes ou tripulação não confiável. Às vezes o tempo era insuficiente, ou as autoridades costa-riquenhas interceptaram o processo, ou equipes de busca anteriores tinham destruído preciosas indicações do caminho. Todas as explicações imagináveis eram usadas para o fracasso — apenas uma ficava de fora: a de que o tesouro simplesmente não estava lá.

Mesmo assim, temos de admitir, com bastante segurança, que Thompson realmente tenha mandado enterrar o tesouro. Primeiramente, ele era composto por objetos altamente duráveis, em segundo lugar era previsível que em pouco tempo toda a armada espanhola estivesse em seu encalço, e em terceiro todos os marinheiros e oficiais do *Mary Dear* tinham jurado, sob tortura, ter enterrado o tesouro numa ilha chamada Coco; um juramento que deve ser levado ainda mais a sério, pois os 15 homens tinham certeza de seu enforcamento e, por isso, havia poucos motivos para mancomunar uma mentira. Mas após 180 anos de buscas infrutíferas, talvez seja a hora de se imaginar uma outra possibilidade. E se o *Mary Dear* não tivesse aportado nas baías Chatham ou Waver? Em qual direção ele poderia ter empreendido sua fuga naquele 18 de agosto de 1821? Certamente não ao Norte nem ao Sul, pois nenhum porto na costa ocidental da América do Norte, Central ou do Sul teria abrigado o navio pirata; ao leste, em direção ao oceano Atlântico, também não, porque o *Mary Dear*, um navio leve, não teria resistido à travessia do tempestuoso cabo Horn. A única saída era uma viagem para oeste, em direção ao oceano Pacífico. E de fato lá se apresentava a ilha do Coco como a primeira alternativa. Contudo, para um capitão atento e experiente como Thompson, seria crível imaginar que um esconderijo tão evidente assim não passaria despercebido pela Marinha espanhola e que seria de muita esperteza guiar o navio até as fortes correntes do Pacífico, levando-o bem mais a oeste. Para obter a maior distância possível, de preferência com bastante rapidez, entre ele próprio e seus perseguidores, o capitão Thompson deve ter desfraldado todas as suas velas a fim de colocar seu navio o mais distante e rápido possível de Lima, no Peru, e da América do Sul.

Consequentemente, é possível imaginar o seguinte: o *Mary Dear* seguiu, conforme o previsto, contra o vento, na direção oeste, até sumir no horizonte. Então se deixou levar pela fria corrente Humboldt ao longo da costa da América do Sul, passando pelas ilhas Galápagos, onde talvez o capitão Thompson tenha trazido a bordo algumas dúzias de tartarugas como suprimento vivo de carne. Ao sul da ilha do Coco, a corrente Humboldt desemboca, em direção oeste, na quente corrente equatorial, na qual o *Mary Dear*, carregado por possantes alísios, deve ter feito boa viagem. No mês de agosto, a tempestuosa estação de chuvas ainda estava distante; e é bem possível que ele tenha se aproximado rapidamente do arquipélago da Polinésia. Caso o bom tempo tenha prevalecido, talvez os piratas tenham passado em poucas semanas pelas Marquesas, levados durante alguns dias pela corrente equatorial até sudoeste, passando pelo Taiti, pelas ilhas de Sociedade e pelas ilhas Cook, e caso a viagem seguisse seu rumo natural, topariam diretamente com as ilhas Samoa e Tonga.

O navio britânico de saqueadores *Port au Prince* já havia comprovado, 15 anos antes, que uma rápida travessia do Pacífico era possível, depois de ameaçar durante dois anos a costa ocidental da América Espanhola e ter de fugir dos galeões espanhóis que se aproximavam. A embarcação ancorou em 29 de novembro de 1806 no reino de Tonga, em frente à ilha Lifuka. Dois dias depois, o *Port au Prince* foi atacado por ilhéus hostis. Eles massacraram os piratas e roubaram seu butim de ouro, levando o navio até a praia para incendiá-lo, a fim de retirar das cinzas as preciosas peças de metal. A partir do ferro, os ferreiros tonganeses forjaram facas, pontas de lanças e machadinhas de luta, que provavelmente estão guardadas até hoje nesse ou naquele baú; o tesouro em ouro, porém, permaneceu desaparecido.[1]

Se ainda for preciso uma segunda comprovação de que a rota de fuga mais rápida do Peru leva ao arquipélago da Polinésia, esta veio 141 anos depois do *Port au Prince*, com o etnólogo norueguês Thor Heyerdahl. Para comprovar sua tese de que as ilhas dos mares do Sul foram povoadas a partir da América do Sul, em 28 de abril de 1947 ele se lançou ao mar do porto de Callao com sua balsa de madeira *Kon Tiki*. Ou seja, daquele porto no qual o *Mary Dear* embarcou o tesouro. O *Kon Tiki* navegou para noroeste na corrente Humboldt, passou pelas ilhas Galápagos e depois venceu os 8 mil quilômetros de mar aberto com a ajuda da corrente equatorial sul, até o recife Raroia, do Taiti, onde chegou em 7 de agosto de 1947, no seu 101º dia de viagem, despedaçando-se em seguida.

Do ponto de vista náutico, algo depõe a favor de o capitão Thompson ter desembarcado o tesouro de Lima em uma praia deserta, não na ilha do Coco, mas a 6 ou 7 mil milhas náuticas a oeste da baía Chatham. Dessa maneira, porém, ele estaria bem perto do pedaço de selva que Robert Louis Stevenson queria comprar 68 anos mais tarde. É difícil dizer em qual das inúmeras ilhas do Pacífico Sul isso aconteceu; certo é que o capitão e a tripulação também a chamavam de ilha do Coco. Também vale supor que eles levaram as pesadas caixas nos botes até a praia e depois as carregaram pela praia, para enterrá-las mais no interior, em terra firme. Admite-se ainda que, depois do trabalho concluído, eles levantaram âncora o mais rapidamente possível, a fim de conseguir escapar para longe sem serem vistos e voltar algum dia, assim que os espanhóis não estivessem mais em seu encalço.

Thompson não tinha outra alternativa; pois as dimensões sem fim e as manchas brancas no mapa, onde um navio sem lei poderia se esconder do braço comprido das autoridades, há muito não existiam.* Nos mares do mundo não havia um porto minimamente utilizável que não fosse estri-

* Foi isso que os amotinados do *Bounty* tiveram de descobrir 32 anos antes, depois de deixar em alto-mar seu capitão William Bligh em uma barcaça de 7,5 metros de comprimento, em 28 de abril de 1789, na ilha tongonesa de Tofua — aliás, bem próximo dali. A maioria dos amotinados foi presa dois anos mais tarde pelo almirantado britânico no Taiti, e os homens foram levados de volta à Inglaterra acorrentados; apenas nove conseguiram fugir para a ilha de Pitcairn, talvez a mais afastada de todas as ilhas do Pacífico Sul, cuja posição exata não era conhecida à época. Na solidão, porém, eles se envolveram em uma briga, que durou alguns anos e acabou com todos mortos. Seus descendentes, no entanto, vivem até hoje na ilha de Pitcairn. (N. do A.)

tamente vigiado por um cônsul britânico e um francês, além de representantes oficiais da Espanha, de Portugal, da Alemanha, dos Estados Unidos e dos Países Baixos. Os agentes da seguradora Lloyd's ficavam em todo lugar, reportando os movimentos dos navios para Londres e anotando tudo o que fosse importante a respeito de sua origem, destino, carga e tripulação. Portanto, a única saída possível para os homens do *Mary Dear* era o retorno à legalidade. Ou seja, eles tinham de voltar à América Espanhola e se reabilitar diante da justiça por meio de uma história plausível.

E foi isto que eles fizeram. Capitão Thompson, um experiente líder de embarcações, deve ter tomado o curso para o norte por alguns dias, até que o *Mary Dear* atravessasse o Equador; imediatamente ao norte do Equador passa com regularidade, o ano todo e com uma velocidade de dois nós por hora, a contracorrente equatorial para o leste. Um navio que se entrega a essa corrente seguramente irá alcançar o continente americano na altura da Costa Rica. E exatamente ali — isso está historicamente provado — o capitão Thompson e seus homens foram levados para uma fragata espanhola, presos e julgados.

9 A aventuresca viagem de Willem Schouten e Jacob LeMaire

Se o capitão Thompson não escondeu o tesouro de Lima em frente ao litoral da Costa Rica, mas muito além, a oeste, na península do Pacífico, onde o colocou exatamente? Para refazer a viagem do *Mary Dear* vale a pena estudar os registros de bordo dos primeiros viajantes cristãos do Pacífico.

Duzentos anos antes do *Mary Dear*, um navio havia ousado deixar a costa da América do Sul para trás e sair rumo ao oceano aberto com a ajuda da corrente equatorial, por muitos dias e semanas em direção ao sol poente. Tratava-se do barco de três mastros holandês *Eendracht* (União), sob o comando de Jacob LeMaire, que em 1616 se tornou a primeira embarcação a dar a volta no cabo Horn, atravessar o Pacífico e ainda fez uma descoberta interessante.

Jacob LeMaire era o primogênito de Isaac LeMaire, o cidadão mais rico da cidade portuária holandesa de Hoorn, não distante de Amsterdã. Em junho de 1615, o pai lhe tinha passado o comando de dois navios — o *Eendracht* e o *Hoorn* —, para que ele encontrasse uma nova rota comercial para as Índias. A orientação era de não se manter no leste na rota habitual ao redor da África e pelo oceano Índico, mas dirigir-se a oeste, atravessar o Atlântico, contornar a extremidade sul da América do Sul e investigar o ainda desconhecido Pacífico.

O velho Isaac LeMaire tinha juntado uma fortuna com investimentos em viagens comerciais para a China, a Índia Ocidental e o Caribe. Havia dinheiro seu envolvido quando comerciantes holandeses foram para a Indonésia, em 1595, a fim de quebrar o monopólio português sobre o comércio de especiarias. Seu dinheiro também estava envolvido quando, em 1597, surgiram em diversas cidades holandesas quatro sociedades das Índias Orientais, que nos cinco anos seguintes enviaram 65 navios para Sumatra, Java, Bornéu e Filipinas e afastaram os portugueses do mercado. Na sequência, quando as quatro sociedades das Índias Orientais iniciaram uma guerra de preços predatória, Isaac LeMaire foi um dos primeiros a perceber uma lei básica da economia do livre mercado: embora a concorrência entre os comerciantes possa avivar o negócio, ela diminui as margens de lucro. E para assegurar preços finais máximos para pimenta, canela, noz-moscada e cravo-da-índia com mínimos preços de compra, as quatro sociedades se uniram em 20 de março de 1602 em uma única casa comercial, a Companhia Holandesa das Índias Orientais. A primeira novidade era que não apenas os ricos imperadores comerciais investiam seu dinheiro na companhia, mas também os operários, mensageiros e empregados domésticos podiam ter participação. A segunda, que o capital não era usado para uma viagem, mas investido a longo prazo; a Companhia Holandesa das Índias Orientais tornou-se, assim, a primeira sociedade acionária moderna do mundo.

A partir deste dia, a companhia reclamou para si o direito exclusivo de todo o comércio entre a Holanda e o leste asiático. Nenhum outro navio holandês podia viajar para a Índia Oriental passando pelo cabo da Boa Esperança ou pelo estreito de Magalhães. Quem violasse a proibição era punido com pesada multa e prisão.

Rapidamente, a companhia tornou-se o maior empreendimento do mundo. Nos duzentos anos seguintes, ela levou adiante guerras de conquista de crueldade inimagináveis, construiu fortes, castelos e áreas de abastecimento ao longo de suas rotas de viagem, e nos estaleiros da empresa foram construídos 1.600 navios, que no total realizaram 6 mil viagens e sempre voltavam para casa carregados com pimenta javanesa, porcelana chinesa, elefantes do Ceilão e algodão da costa do Coromandel. Apenas 120 viagens, ou seja, dois por cento, terminaram com a perda do navio.

O maior acionista e influente diretor da companhia foi, desde o princípio, Isaac LeMaire; os 97 mil florins holandeses que ele havia investido na companhia rendiam dividendos fantásticos. No entanto, já no primeiro ano após a fundação, LeMaire percebeu outra lei do livre mercado: que o funcionamento de um monopólio pode garantir altas margens de lucro com um risco mínimo, mas impede o desenvolvimento individual de qualquer comerciante ávido por liberdade. Por essa razão, ele montou, à margem da companhia, da qual era o principal acionista, uma flotilha de 14 navios, que empreenderia viagens às Índias Orientais fora do monopólio — e economizaria todos os impostos. Todos os 14 navios retornaram a salvo, a mercadoria foi comercializada com um lucro inacreditável, mas depois a coisa começou a chamar a atenção. Os acionistas da companhia temiam pelo monopólio e acusaram LeMaire de fraude e colisão de interesses, e finalmente ele teve de sair do quadro de diretores de modo nada honroso.

Daquele dia em diante, LeMaire transformou a quebra do monopólio comercial da Companhia Holandesa das Índias Orientais na tarefa de sua vida, tentando achar uma nova rota marítima para o Oriente. Se os caminhos até o sudoeste lhe estavam proibidos, ele viajaria para a Ásia pelo desconhecido mar de gelo do Norte, ao longo da costa da Noruega até o Polo Norte e depois passaria entre o Polo

Norte e a Sibéria rumo ao Japão e, finalmente, até a China e a Indonésia. Era notório que as viagens marítimas cristãs estavam expostas a todo tipo de perigo no Ártico, mas caso a passagem do noroeste desse certo, a distância da viagem entre a Europa e as Índias Orientais praticamente cairia pela metade.

Como LeMaire não encontrou associados na Holanda, ele se dirigiu à França católica. No tempo das guerras de religião, esse era um passo audacioso para um comerciante calvinista. No entanto, o trono francês estava ocupado por Henrique IV, um calvinista de nascença, que tinha se convertido ao catolicismo por pura formalidade. O rei se mostrou muito interessado na fundação de uma Companhia Francesa das Índias Orientais. LeMaire e Henrique IV concordaram em lançar um navio de bandeira holandesa com um capitão holandês. Caso realmente uma nova passagem fosse descoberta, o navio deveria içar a bandeira dos Bourbon e voltar diretamente para a França, e a rota seria batizada com o nome do rei.

A expedição teve início em 5 de maio de 1609 e partiu para o norte, deixando para trás a neve da Noruega e da Finlândia, e entrou no mar de Barents ao norte do círculo polar. A bandeira francesa, porém, nunca foi içada. Depois de três meses de viagem começou o inverno polar, o mar congelou, o navio ficou preso e teve de dar meia-volta. E, logo em seguida, o rei Henrique IV foi assassinado por um fanático católico, marcando o fim do trabalho conjunto entre LeMaire e a França.

Apesar disso, ele manteve seu objetivo de quebrar o monopólio da Companhia Holandesa das Índias Orientais. Se a passagem pelo noroeste não era possível, ele tentaria a direção oposta, o sudeste — embora o monopólio abarcasse explicitamente o estreito de Magalhães, que fica entre as terras sul-americanas e as ilhas da Terra do Fogo. Se o navio de LeMaire, porém, deixasse de lado o caminho registrado do estreito de Magalhães e entrasse mais ainda ao sul, na extremidade sul da Terra do Fogo, teria sido uma rota marítima nova, nunca antes percorrida, o que bastaria para as letras da lei. Sigilosamente, LeMaire se juntou a Willem Schouten, comerciante experiente e capitão do *Hoorn*, e equipou dois navios, que deixaram a Holanda em 14 de junho de 1615. A embarcação de 220 toneladas *Eendracht* estava sob o comando de Willem Schouten; com metade desse tamanho, *Hoorn* seguia as ordens do filho de LeMaire, Jacob. O destino da viagem estava envolto em grande segredo; até a tripulação só foi informada quatro meses mais tarde, quando a costa brasileira já estava à vista. Em 8 de dezembro, a expedição chegou a Puerto Deseado, onde ambos os navios deveriam passar por manutenção e ser abastecidos para a parte mais difícil da viagem, circundar o extremo sul da América do Sul. Durante a queima de algas, porém, o casco do *Hoorn* pegou fogo e afundou, nas docas, entre muita fumaça e vapor. A tripulação conseguiu, no último minuto, salvar os oito canhões, a âncora e a ela própria, passando para o *Eendracht*. Muito carregado e com o dobro da tripulação, o único navio restante seguiu seu caminho. Como planejado, o *Eendracht* cruzou o estreito de Magalhães e, em 25 de janeiro de 1616, foi carregado por uma feliz correnteza para dentro da rota marítima esperada, ao sul da Terra do Fogo. Enfim, em 29 de janeiro o *Eendracht* alcançou o ponto mais ao sul de sua viagem. Em homenagem à sua cidade natal, Schouten batizou o local de cabo Horn. O navio velejou rumo ao norte durante um mês inteiro num mar agitado ao longo da costa do Chile.

No final de fevereiro, entretanto, o *Eendracht* entrou naqueles ventos favoráveis e nas correntezas amistosas, que séculos adiante também acabariam por levar o *Port au Prince*, o *Mary Dear* e o *Kon Tiki* na direção oeste sobre o oceano Pacífico. Willem Schouten e Jacob LeMaire fizeram anotações dia após dia no diário de bordo e cartografaram a viagem.

Depois de um mês, as primeiras ilhas dos mares do Sul foram avistadas. Os homens enfraquecidos desciam à terra, sempre que possível, para providenciar carne e frutas e substituir a água podre dos barris por água fresca. Logo ficaram conhecidos dos habitantes das ilhas. "Essas pessoas estavam completamente nuas, tanto as mulheres quanto os homens, e apenas um pequeno trapo de tecido cobria as partes pudendas. A cor de sua pele era avermelhada, e tinham se esfregado com algum tipo de óleo ou gordura. O cabelo das mulheres era curto, mas os homens os tinham muito longos e tingidos de preto. Seu barco era uma construção maravilhosa de formato estranho. Era feito de dois caiaques longos e bonitos, que ficavam na água a uma distância considerável um do outro, unidos no meio por duas pranchas largas. Eram homens do mar muito engenhosos, não dispunham de compasso nem de qualquer instrumento, apenas anzóis, que eram feitos de pedra e ossos de tartaruga."[1]

Em 10 de maio de 1616 surgiu no horizonte uma ilha pequena, cônica, e a seu lado, a uma distância de dois ou três tiros de canhão, uma segunda, mais plana. Willem Schouten achou-a "muito alta e azul, e estava talvez a apenas oito léguas de distância, mas embora estivéssemos com vento favorável, não conseguimos nos aproximar durante todo o dia. Por esta razão, ficamos de vigília durante a noite, para podermos ancorar no dia seguinte. No fim da tarde, vimos um barco a vela, e logo em seguida um segundo, bastante distantes da costa; assumimos que eram pescadores, pois eles ficavam indo e vindo. À noite eles acenderam fogo e aproximaram-se um do outro. Na manhã seguinte, chegamos à ilha mais alta. Um dos barcos a vela veio em nossa direção, e nós descemos um balde. Como eles não conseguiam alcançá-lo, um dos homens se jogou do barco a vela e o agarrou. Em seguida, livraram o balde da corda e amarraram nela dois cocos e três ou quatro peixes-voadores. Depois, nos gritaram algo bem alto, mas não entendemos. Imaginamos, porém, que eles queriam que recolhêssemos a corda novamente. Mal tínhamos abaixado a âncora, quando chegaram outros três barcos para nos rodear; além disso, nove ou dez canoas. Como duas delas estavam com uma pequena bandeira branca içada como sinal de paz, fizemos o mesmo. Em cada uma das canoas havia três ou quatro homens, e elas tinham uma proa achatada e uma popa pontuda, feitas de um pedaço único de madeira, e eram espantosamente rápidas. Ao se aproximarem o suficiente do nosso navio, pulavam na água e nadavam até ele, as mãos cheias de cocos e raízes de inhame, que queriam trocar por pregos e contas de vidro. Eles eram tão ávidos que trocavam quatro ou cinco cocos por um prego ou algumas contas. Nesse dia, então, nossas trocas chegaram a 180 cocos. As pessoas chegavam tão perto que no final não sabíamos mais para onde nos virar. E quando enviamos nosso barco a remo para a outra ilha, a fim de encontrar um lugar melhor para ancorar, menos exposto ao mar aberto, ele foi imediatamente cercado por 12 ou 13 canoas da outra ilha. Esses ilhéus, entretanto, pareciam estar muito bravos e carregavam pedaços de madeira nas mãos, cujas pontas estavam enegrecidas e afiadas. Eles subiram no nosso barco a remo e queriam roubá-lo.

Por isso, nossos homens tiveram de defendê-lo, dando três tiros de mosquete. A princípio, os ilhéus não os levaram a sério, mas riram e debocharam de nossos homens. Talvez pensassem que os mosquetes fossem apenas brinquedos de criança. Mas quando o terceiro meteu uma bala no peito de um deles, saindo depois pelas costas, eles correram para buscar socorro e chamaram os outros botes".

Chovia na manhã de 12 de maio. Dessa vez, uma flotilha de 35 canoas, todas carregadíssimas com cocos e outras frutas, se aproximou do *Eendracht*. Logo havia um tamanho burburinho em volta da embarcação que as pessoas juntaram suas mercadorias, pularam na água e mergulharam debaixo das outras canoas para chegar até o casco do navio. Eram tantos escalando as laterais do casco que os marinheiros os rechaçavam com paus. E quando um deles mesmo assim conseguia subir e realizar seu negócio, ele pulava do navio novamente e voltava nadando para seu caiaque.

"Na manhã de 13 de maio, porém, chegaram pelo menos 45 canoas para fazer negócios conosco, acompanhadas por uma flotilha de 23 barcos a vela. Em cada canoa havia cinco ou seis homens, em cada barco a vela, 25. Não sabíamos quais eram suas intenções. Logo estávamos trocando de novo cocos por pregos, e todos se portavam como se fôssemos melhores amigos. Mas logo descobrimos que era o contrário. Pela enésima vez eles nos convidaram para a outra ilha. Depois do café da manhã levantamos âncora para ir até lá. Nesse momento aproximou-se de nós também o rei num barco a vela e nos chamou bem alto. Estávamos dispostos a recebê-lo a bordo, mas ele recusou — algo que interpretamos como um mau sinal. Além disso, todas as canoas e os barcos a vela se aproximaram cada vez mais. Logo soou no barco a vela do rei um tambor, e todos acompanharam com um gemido muito alto, o que interpretamos como um sinal para o ataque ao nosso navio."

O barco do rei trazia na vela um galo cinza-avermelhado; atrás dele enfileiravam-se todos os barcos a vela e canoas numa ordem de combate, e daí eles partiram para o ataque gritando furiosamente. Os ilhéus estavam armados com pedras, os holandeses com mosquetes. Depois de duas ou três salvas, vários mortos e feridos boiavam na água, e os atacantes, em pânico, bateram em retirada.

"Continuamos nossa viagem na direção oeste-sudeste, já que supúnhamos que o rei logo formaria seus exércitos — ele tinha mil homens à disposição, entre eles um branco. Depois de termos percorrido cerca de quatro léguas, muitos dos nossos manifestaram o desejo de voltar à ilha e atracar à força, a fim de reabastecer nossa pequena reserva de água. Mas os líderes do navio foram contra."

Em vez disso, Willem Schouten e Jacob LeMaire voltaram à sala de mapas para atualizar o livro de bordo e o mapa. Eles batizaram a ilha esticada e plana de "Verrader Eylandt" (ilha dos Traidores), já que a maioria dos atacantes veio de lá. Provavelmente devido à grande presença de coqueiros, a alta ilha vulcânica foi chamada de:

ilha do Coco.

No mapa de Schouten e LeMaire ela está registrada a 16°10' de latitude sul. Esta é uma localização bastante precisa. Modernos aparelhos de navegação por satélite calcularam 15°85' latitude sul e 173°71' longitude oeste. Não podemos recriminar os holandeses por não indicar a longitude. Até o século XVIII, a navegação cristã não dispunha dos meios técnicos para tanto.

Há então uma segunda ilha do Coco, esquecida, que fica a 2 mil quilômetros ao sul e 8 mil quilômetros a oeste daquela ilha do Coco da costa da América Central, da qual tanto já falamos. O principal é sua distância até Samoa, de apenas 267 quilômetros. Em dias claros, dá para enxergar do topo do vulcão os picos de Upolu. "Cocos Eylandt" manteve seu nome holandês em muitas cartas náuticas dos séculos XVII e XVIII. Apenas no início do século XIX ela caiu no esquecimento e recebeu o nome polinésio de "Tafahi".*

* Em algumas publicações, os nomes holandeses foram mantidos até o tempo de Robert Louis Stevenson. Em 1879, o *Nouveau Dictionnaire de Géographie Universelle*, francês, registrou a existência de muitas ilhas do Coco nos oceanos Pacífico e Índico; são citadas aquelas no golfo de Bengala (Keeling Islands), um grupo de ilhas a noroeste de Papua-Nova Guiné, bem como Tafahi e a ilha do Coco em frente à costa americana. (N. do A.)

10 "Alguém tem um parafuso a menos?"

O observador imparcial vai notar que as ilhas do Coco se assemelham de modo quase cômico. Ambas têm as formas cônicas dos vulcões extintos, são de alturas parecidas e quase do mesmo tamanho, e a paisagem é adensada por coqueiros. Exceto por sua localização geográfica, ambas se diferenciam principalmente porque a da Costa Rica é, mundialmente, a mais famosa das ilhas de tesouro, enquanto a do sul de Samoa nunca foi oficialmente visitada por caçadores de tesouros.

Robert Louis Stevenson nunca emitiu uma palavra sobre ter visto ou sequer se fixado em uma segunda ilha do Coco em dezembro de 1889. Em todo seu espólio literário nunca menciona uma ilha do Coco, em nenhuma carta e em nenhum poema, em nenhum conto e em nenhum dos seus romances ambientados nos mares do Sul — o silêncio paira sobre ambas, mesmo com o nome polinésio de Tafahi. De uma maneira que pode provocar desconfiança, Louis também não citou a ilha vizinha ao sul de Samoa. Justo ele, para quem nenhuma ilha era distante ou insignificante demais para uma visita, e que sempre relatava tudo com muita precisão em suas cartas, reportagens e romances. Durante os cinco anos que passou no Pacífico, ele estava incansavelmente em trânsito de uma ilha para outra. Fazia viagens menores a partir de Samoa à luz das estrelas com seu amigo, o missionário William Clarke, ou com o cônsul americano Sewall, e outras excursões com o navio postal, até o Havaí ao norte, a Austrália e a Nova Zelândia ao sul. Assim, deve ter passado por Tafahi diversas vezes. Seu primo e biógrafo oficial Graham Balfour aponta que, antes do período em Samoa, Louis "passou quase o mesmo tempo visitando outras ilhas no oceano Pacífico. Mesmo se ele tivesse se preparado muito conscientemente para a vida que estava à sua frente, não poderia ter escolhido uma rota mais adequada, praticado o treinamento mais completo. Em suas viagens, teve oportunidades excepcionalmente boas de colher informações. Provavelmente havia, na época da sua morte, apenas duas ou três pessoas de igual formação e inteligência e que soubessem tanto a respeito dos mares do Sul quanto Robert Louis Stevenson".[1]

Não existe, no entorno estendido de Samoa, nenhum agrupamento de ilhas que Stevenson não tivesse visitado. Por pura curiosidade, ele tinha estado nas ilhas Gilbert e Marshall, na Nova Caledônia e nas ilhas Ellice. Também em Olosenga, Pukopuka e Manikiki, na ilha Nassau e Penrhyn, onde a lepra se espalhava, e em Suwarrow, onde há muito tempo se imagina que existam tesouros de piratas. Mas ele não se dignou a deixar alguma palavra escrita na sua obra sobre Tafahi, por assim dizer, em frente à porta de casa.

A partir desta circunstância, coloca-se novamente a pergunta sobre quais motivos Louis teria para se fixar para o resto da vida, de maneira tão intempestiva, em Samoa, uma das menos exuberantes de todas as belezas dos mares do Sul. Surpreendentemente, nenhum dos cerca de 150 biógrafos que escreveram a história da vida de Stevenson nos últimos cem anos dedicou muita atenção a essa pergunta. Sem exceção, eles atribuíam a permanência de Louis em Samoa basicamente à sua saúde como um fato consumado e sem necessidade de maiores explicações. E realmente o escritor sempre narrava em suas cartas como ele tinha se fortificado e como cavalgava durante horas todos os dias, nadava no oceano e caminhava por dias nas montanhas. Esta fanfarronice não parece de acordo com o escritor e não faz jus à verdade. Certamente os informes sobre sua saúde tinham como objetivo acalmar os preocupados amigos e familiares na distante Inglaterra. Mas a partir de inúmeras pequenas observações — com as quais ele se desculpava com frequência por cartas atrasadas — fica claro que seus ataques de febre eram tão frequentes nos mares do Sul quanto na Califórnia ou no sul da França; que ele aqui, do mesmo modo que em Davos ou em Edimburgo, tossia sangue em alguns meses, e que tanto em Samoa quanto em qualquer outro lugar do mundo todo resfriado o levava à beira da morte.

> 5 DE DEZEMBRO DE 1889: "Tudo está às mil maravilhas, com exceção da saúde. Uma dieta tão longa com pequena variedade de comida local é uma provação."[2]
> 7 DE MARÇO DE 1890: "Tive uma doença grave em Sidney."
> 13 DE JULHO DE 1890: "Para minha irritação, voltei a cuspir sangue."
> AGOSTO DE 1890: "Sinto-me tão mal, morrendo de cansaço, quero apenas dormir."
> AGOSTO DE 1890: "Estou novamente de cama."
> NOVEMBRO DE 1890: "Estou com febre."
> JANEIRO DE 1891: "Eu deveria procurar um oculista, estou bastante cego. Às vezes não consigo mais ler."
> FEVEREIRO DE 1891: "Tive um ataque muito violento em Sidney."
> MARÇO DE 1891: "Depois de uma febre escaldante, voltei a ficar em pé."

Abril de 1891: "Há pouco passei 23 horas em um barco aberto, agora estou bem doente. Mas certamente não vou morrer disso."
Junho de 1891: "Estou novamente com um pouco de febre."
Janeiro de 1892: "Fiquei baqueado o mês inteiro por causa de gripe... Não peguei na caneta durante três semanas."
Março de 1892: "Sou um esqueleto velho, mas saudável."
Maio de 1892: "Tive um ataque intenso na quarta. Estou um caco, como a caligrafia e o estilo dessas linhas mostram. Se eu pudesse ao menos ter uma morte violenta, que sucesso! Quero morrer calçando minhas botas. Afogado, assassinado, caído do cavalo, por mim até enforcado — tudo é melhor do que o fim paulatino."
Agosto de 1892: "Minhas tripas mais uma vez estão a mil, acabei de tomar 15 gotas de láudano."
30 de setembro de 1892: "*David Balfour** está terminado, e seu autor também, ou quase."
28 de outubro de 1892: "Tive uma febre muito chata e dor no braço."
Janeiro de 1893: "Estive totalmente desequilibrado, primeiro uma febre que não se decide, depois uma indigestão aguda."
24 de janeiro de 1893: "Tivemos oito casos de gripe, em um deles — o meu — voltei a cuspir sangue, o que piorou as coisas."
7 de abril de 1893: "Quase me apaguei."
2 de junho de 1893: "Estou quase morto: indigestão, muito fumo, muito trabalho não rentável."

* O novo romance. (N. do A.)

18 de junho de 1893: "Estou em um estado lastimável, parei de fumar e beber; isso mesmo, os dois. Nada mais de vinho, nada mais de tabaco."
Agosto de 1893: "Preciso parar de jogar tênis. Como era previsível, tive uma queda de pressão brusca, embora breve."
7 de dezembro de 1893: "Não fiz muita coisa nos últimos tempos, já que fui acometido por duas doenças graves."
Abril de 1894: "Estou cada dia melhor no quesito saúde. Eu deveria ter morrido jovem, mas os deuses não me amam."
Junho de 1894: "Tive um resfriado sério e por isso fiquei duas semanas de cama; ainda tenho intensos ataques de tosse à noite."
Setembro de 1894: "Penso no meu fim. Esperei tanto pela morte..."
Outubro de 1894: "Está tudo bem comigo, exceto o fato desagradável de que não sou mais tão jovem como costumava ser."
1º de dezembro de 1894, três dias antes de sua morte: "Perdi novamente a trilha para descer fácil e naturalmente da montanha. Onde quer que eu desça, é um abismo."

Não: em Samoa, a saúde de Robert Louis Stevenson não melhorou. É muito espantoso o fato de a lenda de sua recuperação ter conseguido se manter inabalada contra todas as evidências. Pois simplesmente não é verdade que o clima samoano fosse benéfico para ele — um clima onde a dengue, a elefantíase e severas epidemias de gripe e sarampo dizimavam territórios inteiros. A verdade é que Louis caía doente no intervalo de algumas semanas. Também é verdade que ele, como consequência dos joguinhos na quadra de tênis da casa, tossia sangue. E finalmente é certo que Louis, a partir do dia em que pôs os pés em Samoa, não tinha mais que cinco anos de vida. É bem possível que na Escócia tivesse mais.

As fotos de família também divulgam uma verdade bem diferente da versão oficial, que o fotógrafo de cartões-postais John Davis tirou em Apia, em maio de 1892, na varanda de Vailima. Elas mostram um homem maduro, que se mantém corajosamente ereto e olha para a câmera com a honradez de um chefe de clã escocês — mas certamente não como um jovem herói de saúde de ferro, que nada durante horas no mar. Vemos um homem que tem seu fim marcado no rosto, seu semblante nunca esteve tão esquelético. O cabelo está mais ralo do que nunca. Ameaçadoras olheiras escuras aparecem sobre os ossos da face. Pode ser que chegar a ilhas vulcânicas em pequenos barcos a vela correspondesse a seu impulso juvenil por aventura, e que representar o patriarca na residência em meio ao matagal despertasse seus espíritos vitais. Mas que ele tenha ficado tão bem de saúde em Samoa que não fosse prudente escolher mais nenhum outro lugar para se viver no mundo é uma lenda que Louis — talvez por um bom motivo — tenha mantido acesa. Ele se contradisse apenas uma vez, quando afirmou, em uma entrevista para o *Christchurch Press*, da Nova Zelândia: "Se eu estivesse em Samoa apenas por motivos de saúde, teria preferido o inferno. Honolulu teria tido o mesmo efeito, e os Alpes talvez fossem melhores. Se escolhi Samoa em vez de Honolulu, então foi pelo simples e altamente satisfatório motivo de que ela era menos civilizada."[3]

***

Se não por motivos médicos, seria talvez por motivos emocionais? Será que os Stevenson estavam tão felizes em seu paraíso na selva que não queriam nem imaginar um retorno à civilização? É no que se quer acreditar quando se leem as memórias de cada um dos membros da família. O próprio Louis descreve em suas cartas a vida familiar em Vailima — quase sempre — com cores mais alegres. Fanny se refere em seu diário àqueles anos como a feliz e duradoura fase Robinson Crusoé de uma família, cujos membros amam-se de modo verdadeiro. Sua filha Belle desenha o cotidiano em Samoa com as mais delicadas cores pastel, e Lloyd Osbourne reforça em suas memórias: "Pode ser que Stevenson não fosse sempre feliz em Vailima, mas com certeza sei que lá ele estava mais feliz do que se estivesse em qualquer outro lugar do mundo."[4]

Mesmo aqui, revela-se uma verdade totalmente diferente ao se observarem os retratos da família. Essa não é uma família feliz que se reuniu na escada que leva à varanda de Vailima. Em nenhuma das fotos ela consegue, ao menos pelos poucos segundos do flash, despertar a imagem de harmonia, muito pelo contrário: cada foto é um retrato de uma família cujos membros estão presos em uma teia de caprichos, aversões e dependências mútuas. No meio da cena está Louis, o honorável patriarca. À sua direita está sentada a mãe, com as costas eretas e uma touca de viúva branca. À sua esquerda reina a esposa Fanny — um vulcão de sentimentos violentos, que pode entrar em erupção a qualquer momento. No degrau mais alto está Lloyd, o jovem dândi de chapéu branco, botas de montaria e um imaculado terno tropical branco, que na solidão insular sente falta da agitação de Paris, Londres e São Francisco. Um degrau mais abaixo está Belle, com o filho Austin no colo; com os olhos inchados, ela se inclina em direção ao seu empregado samoano, forte e bem-apessoado, Lafaele, sentado ao seu lado em pose de protetor, pressionando seu joelho contra o dela e olhando sem receio para a câmera. Longe de Belle, na outra extremidade da foto, numa distância de metros da família, está seu marido infiel e bêbado, Joe Strong. Ele se apoia pesadamente em um poste, uma cacatua branca chamada Cocky pousada no seu ombro esquerdo, cujos conhecimentos linguísticos se limitam às palavras "mamãe, mamãe". O olhar de Joe se dirige sombrio à esposa Belle e a seu filho, que estão sentados o mais longe possível dele.

Não, certamente eles não eram felizes em Vailima. Todos eram reféns na pequena ilha no meio da massa de água infinita do oceano Pacífico, a milhares de quilômetros dos cafés, bulevares e salões de suas cidades, das galerias e das redações de jornal, editoras e teatros, onde cada um poderia ter seguido a própria ambição artística. Afinal, todos tinham uma, exceto Margaret Stevenson: Fanny queria pintar e escrever, Belle queria desenhar e dançar, Joe Strong queria pintar, Lloyd queria escrever romances e até Austin, de 10 anos, já procurava um editor para a história que havia escrito. Infelizmente, porém, as tintas a óleo de Fanny derretiam como água no calor tropical; Belle não tinha plateia naquele matagal que pudesse honrar seus talentos como desenhista e dançarina; Lloyd provavelmente sabia que, como escritor, nunca escaparia da sombra de Louis; o pequeno Austin chegou à conclusão, de um modo doloroso, de que ainda precisava treinar um pouco. E no que se refere a Joe Strong, por causa da bebida e das mulheres, ele simplesmente não tinha tempo de se preocupar com as belas-artes. Não demoraria para que uma inveja inconfessável se lançasse sobre aquele que tinha sucesso. E essa inveja ficava cada vez mais amarga na medida em que sua fama aumentava. Além disso, Vailima quase toda vivia dos proventos de Louis; mais uma humilhação, e Fanny era a que mais se incomodava com isso. "Gostaria de estar em condições de escrever um pequeno conto e economizar um pouco de dinheiro [...] O que isso significaria para um homem e no que ele se transformaria, caso ele tivesse de viver a vida de uma mulher: preocupar-se constantemente que alguém lhe pague a conta do dentista e lhe dê algumas roupas novas, e sempre ter de estar profundamente agradecido de antemão por todos os pagamentos futuros. Eu trabalharia arduamente por algumas libras por mês e poderia facilmente ganhar mais, mas minha ocupação como mulher de Louis não me permite isso."[5]

Por outro lado, Louis também tinha reivindicações em relação à sua família. De sua esposa, ele exigia cuidados diários, da mãe, uma admiração incondicional, da enteada Belle, disponibilidade para o ditado diário quando era acometido por cãibras na mão. E mesmo para quem a falta da própria infância era um dos maiores lamentos da vida, até o pequeno Austin lhe era indispensável. Talvez o beberrão libertino Joe Strong lhe fosse útil como o oposto do virtuoso chefe de clã, que ele mesmo queria ser. Todos os membros da família dependiam implacavelmente um do outro em sua solidão insular. E como ninguém podia fugir um do outro, cada pequena rusga doméstica, que no continente seria resolvida com um levantar de ombros e uma visita ao café, tornava-se um drama homérico.

O infeliz ponto central desta teia de aranha era Louis. Todos os fios partiam dele, todos levavam até ele. Ele era o objeto de todos os desejos, destinatário de todas as revoltas, receptor de todos os desejos, alvo de esperanças frustradas. Ele tinha de pagar caro principalmente por sua exigência de viver com três mulheres debaixo do mesmo teto. Sua mãe, Margaret, era uma *lady* de total recato vitoriano, que evitava qualquer briga educadamente. Fanny e Belle, porém, eram, em primeiro lugar, mãe e filha; em segundo, tinham o mesmo temperamento combativo; e, em terceiro, estavam sempre disputando pela primazia de ser a mais íntima confidente do patriarca. Elas viviam se confrontando, gritos agudos de mulher cortavam o silêncio rural, lágrimas rolavam, objetos se espatifavam contra as paredes. E sempre cabia a Louis restabelecer a paz doméstica.

Durante décadas os biógrafos de Stevenson não mencionaram estes dramas ou só vagamente os insinuaram — alguns poucos por discrição, a maioria, entretanto, porque não podia saber a situação massacrante em Vailima. Pois mesmo em meio a todas as brigas, a família sempre colocava um manto de silêncio sobre as cenas ruins. E quando Louis poucas vezes desabafava em cartas para Sidney Colvin, o fiel amigo as censurava diligentemente antes de torná-las acessíveis ao grande público.*

"Preciso explicar-lhe algo", está escrito em um trecho censurado da carta datada de 5 de abril de 1893. "Estamos com um pouco de areia na engrenagem. Não é nada importante, mas ligeiramente incômodo. Para minha vergonha

---

* Antes de Colvin publicar cartas originais de Stevenson, ele tapava todas as passagens que ofereciam uma visão íntima da vida da família, primeiro com uma tira de papel preto e, por cima dessa, uma de papel branco. Em 1913 ele vendeu as cartas assim censuradas à coleção Widener, em Harvard. Durante décadas, a gerência da coleção não permitiu a retirada das tiras de papel, já que temia pela conservação da tinta embaixo. A permissão só veio em 1962, quando as tiras foram removidas sem dificuldades, aparecendo as passagens citadas. (Veja Bradford A. Booth: "The Vailima Letters of Robert Louis Stevenson". *Harvard Library Bulletin*, abril 1967, vol. XV: n. 2, p. 117-128.) (N. do A.)

preciso admitir que ainda não tenho a força de me comportar bem quando a areia volta a ranger. Trata-se de uma pessoa, você sabe. Muitas vezes passo por momentos amargos e suporto-a com mais dificuldade do que imaginava; é bastante difícil aguentar essas eternas brigas, que na verdade não são sobre coisa nenhuma. E então há a segunda pessoa. Ela é uma criatura oca e tão bondosa quanto uma lata vazia consegue ser. E eu fico entre essas duas e endoideço. Uma começa a brigar com a outra, e nisso a outra parece que vai derramar lágrimas amargas até o fim da vida. Nesse momento uma — com um intervalo de trinta minutos — vem toda magnânima até mim e relata, cheia de preocupação, como a outra está passando terrivelmente mal (o que é totalmente culpa sua). E minha cabeça e meu coração ficam o tempo todo sendo puxado para lá e para cá por essas duas. [...] E então há determinadas palavras que sempre se repetem, que me deixam maluco. Alguém tem um parafuso a menos? Não, acho que não; mas não é algo sério, e vamos dar um jeito de sair (Deus queira!) dessa confusão."[6]

É mais provável que fosse Fanny a entrar em estados tão violentos. Tanto que, no meio da noite, Louis chamava o doutor Funk, de Apia, para vê-la. "Mais tarde, 1h30. O doutor passou por aqui e disse duas vezes que não havia perigo de morte. Mas ele não quer excluir a possibilidade de uma doença mental. Desde então vivenciei de novo uma cena com a qual não quero incomodá-lo. Agora ela voltou a ficar calma e parece não mais confundir os sentidos. Isso é algo terrível. Veja você, embora eu tenha lhe escrito detalhadamente durante meses, não fui sincero e mantive para mim minhas provações mais secretas. Primeiro pensei que isso era dirigido apenas a mim. Ela transformava cada conversa num debate e então em uma briga, até que comecei a evitá-la, passando meus dias o mais sozinho possível no meu quarto. [...] Certa vez, tivemos uma cena infernal, que durou a noite toda. Nunca falarei a respeito, ninguém acreditaria, não era do seu feitio e muito menos do nosso — Belle e eu tivemos de segurá-la durante duas horas: ela queria fugir. Então a levamos até Sidney, onde passamos algumas semanas maravilhosas. Seus caprichos tinham se acalmado novamente — chega por aqui."[7]

Não, certamente não foram as delícias da duradoura paz de espírito que acorrentaram os Stevenson ao paraíso insular — pelo contrário. Na verdade, todos sempre quiseram partir. Fanny tinha saudades da Califórnia. Belle sentia falta dos bulevares de Auckland e Sidney. Margaret, a mãe de Louis, queria voltar para a Escócia. Louis e Lloyd estavam sempre fora de casa. E o pequeno Austin revezava de escolas entre São Francisco e Auckland. Durante todos os anos em Samoa, era raro acontecer de a família toda estar reunida pacificamente em Vailima. E caso isso realmente tenha acontecido alguma vez, então inevitavelmente armava-se um daqueles dramas caseiros intermináveis, que muitas vezes só tinham fim quando chegava uma visita e todos tinham de se lembrar da educação que receberam quando crianças. Uma das visitas mais frequentes era a de William Clarke, amigo de Louis, o missionário da Sociedade Missionária de Londres, que havia observado os Stevenson em sua chegada, achando tratar-se de um grupo mambembe. "Ontem o maravilhoso Clarke passou quase o dia todo aqui em cima comigo", escreveu Louis em 15 de junho de 1892. "Aprecio o homem dos pés à cabeça e gosto mais dele do que de qualquer outra pessoa em Samoa, e mais do que a maioria das pessoas no mundo."[8] Esta observação é reveladora: ou seja, de todas as pessoas em Samoa, ele gostava mais de William Clarke do que da esposa, da enteada ou do enteado — o homem com o qual empreendeu, nos primeiros dias, aquela misteriosa excursão de barco.

Em 1893, depois de uma briga de família particularmente séria, na qual não faltaram agressões físicas, delírios e alucinações, Fanny, Belle e Louis fugiram de seu cativeiro autoimposto e embarcaram no *Mariposa*, que estava a caminho da Austrália. Já no segundo dia de viagem, todos se sentiam visivelmente melhor. Aliviado, Louis — ainda enfraquecido por uma febre e duas quedas de pressão — notou que Fanny tinha comido um frango inteiro no café da manhã, "sem falar uma considerável montanha de panquecas".[9] E quando Fanny, Louis e Belle, depois de duas semanas de viagem por 4 mil quilômetros, puseram os pés no porto de Sidney, isso era uma volta à civilização e o início de uma festa de ressurreição, que deveria durar três semanas. Eles se dirigiram ao Hotel Oxford na King Street, onde Louis foi logo descoberto pelos jornalistas, com quem passou horas, com boa vontade, sendo entrevistado. Ele fez uma visita à universidade, passou pela Bolsa de Valores Real e assinou o livro de visitantes. Discursou na reunião geral da igreja presbiteriana e falou um pouco na União dos Artistas. Ele passava tardes inteiras fazendo compras com Fanny e Belle, engolia ostras e champanhe gelada e percebia, divertido, que as pessoas o reconheciam na rua. Ele tirou fotos no estúdio Kerry's e encomendou um pequeno busto a um escultor. Mas não ficou satisfeito com o resultado. "Não quero criticar, o homem teve muito pouco tempo para trabalhar. Mas a obra, de acordo com a opinião da minha família, se parece muito com Mark Twain."[10]

"Tudo foi incrivelmente divertido", ele escreveu ao amigo Colvin durante a viagem de volta para casa, pouco antes de o *Mariposa* entrar no porto de Apia. "Até Fanny aproveitou no início; Belle e eu, o tempo todo. Compramos um vestido para Fanny sem ela saber, pomposo, de veludo preto e rendas elegantes. Infelizmente ela quis vesti-lo apenas uma vez. Tomara que em Samoa consigamos vê-lo mais vezes, pois é realmente maravilhoso. Ambas as damas agora estão equipadas como princesas, com meias de seda e assim por diante. Voltamos para casa como de um roubo, com nosso butim e nossos feridos amarrados por uma corda. Até eu tornei-me agora um autêntico dândi — já tinha avisado há dois anos que precisava de roupas novas. Pois a juventude combina com uma aparência desleixada, mas não a velhice. Por isso, estou bem alinhado: camisa branca, gravata branca, barba feita, meias de seda — oh, que visão!"[11]

Em cada frase, em cada palavra é possível notar o alívio da família por ter finalmente escapado da prisão em Samoa, por poder usufruir de novo o conforto de uma grande cidade britânica, voltar a encontrar pessoas que falam a mesma língua e, principalmente, ter sossego. Mas a diversão terminou depois de apenas três semanas, e os Stevenson voltaram a bordo do *Mariposa* para Samoa. Seria bom saber o porquê. Certamente, não foi apenas porque queriam. Pois mal chegaram a Vailima e a rotina de doenças e brigas, restabelecimentos e reconciliações, esperanças aflitas, mas sempre frustradas, recomeçou.

"Quinta-feira, 5 de abril.* Bem, não dá mais para negar. Fanny não vai bem, estamos muito preocupados. Sabe, não é que esteja ocorrendo algo de errado com Fanny. Ela não tem

* 5 de abril de 1893 não foi quinta, mas quarta-feira. No isolamento de Samoa, Robert Louis Stevenson muitas vezes perdia a noção de datas e dias da semana.

culpa. No começo ela me irritava muito, mas agora que eu a entendo, estou preocupado e muito compadecido."[12]

"Sexta-feira, 7 de abril. Estou agradecido por poder dizer que o novo remédio trouxe conforto imediato a Fanny. É como se todos nós tivéssemos sido libertados de um véu de luto, e esta manhã — ah! — é uma manhã como você nunca viu antes, tão fresca, doce e incrivelmente colorida: o céu na Terra. Reina um grande silêncio, interrompido unicamente pelo murmurinho distante do Pacífico e da cantoria de um único pássaro. Você não pode imaginar o alívio que isso representa. O mundo parece que renasceu. Fanny tem uma tal força de recuperação que espero pelo melhor. No que diz respeito a mim, estou tão cansado como é possível um homem estar. Tudo isso é uma grande provação para minha família e agradeço a Deus por passá-la bem. Estamos todos bem abatidos, com exceção de Lloyd. Fanny, leia acima; eu, quase apaguei; Belle está exaurida de tanto trabalhar e sofre de dor de dente; o cozinheiro está fora de combate com um problema no pé; e o empregado quebrou a perna. Ah, que família!"[13]

11 Divina travessura

Na época em que os Stevenson viviam em Samoa, aconteceram coisas estranhas na ilha do Coco, a calma ilha vulcânica logo depois do horizonte. Subitamente, o medo e o pânico tomaram conta do cotidiano de Tafahi, cujos habitantes viveram durante séculos em paz na única aldeia da ilha, esquecidos pelos homens e deuses. A aldeia ficava no norte, logo depois da praia, e as cerca de trinta casas não tinham paredes, como era habitual nos mares do Sul. Primeiro, ninguém era dono de nada que fosse necessário proteger de ladrões, e segundo, as pessoas ficavam agradecidas por qualquer brisa fresca, que refrescava o calor úmido debaixo dos tetos feitos com folhas de palmeira. E, assim, era possível enxergar, debaixo de todos os tetos, de um extremo a outro da aldeia, e todos podiam participar da vida em família do vizinho. E como era possível, todos participavam. Era impossível alguém manter um segredo nessa pequena comunidade. E quando algo se aproximava de fora, ou seja, do mar — uma tempestade, um bando de pássaros, um navio —, todos os moradores da aldeia logo ficavam sabendo.

Supostamente, em algum dia dos últimos anos do século XIX algo assustador, nunca antes visto, nunca antes ouvido, veio ao encontro da ilha.[1] Parecia-se com um navio, e chegando mais perto disparava raios e trovões, e estranhamente não atracou na ilha ao norte, onde ficava o único atracadouro seguro, mas do outro lado, em uma praia deserta no sul desabitado. Os moradores de Tafahi nunca tinham visto algo que disparasse raios e trovões. A excitação na aldeia era grande. As mulheres gritavam, as crianças choravam, os homens faziam caras sombrias. Muitos fugiram para dentro da selva. O chefe Maatu, porém, manteve o sangue-frio e reuniu-se com Toumaama, seu bruxo. Para este, o caso era claro: já que o fenômeno parecia não ter origem nem humana nem natural, deveria ser divino. E como a divindade se aproximava pelo norte, deveria se tratar do deus-peixe Fatuulu, pois ele era o único de todos os deuses toganeses que morava tão ao norte, numa pequena rocha a meio caminho de Samoa.

Parece que o bruxo seguiu sozinho, corajoso, o caminho até o sul da ilha, a fim de assumir sua tarefa de intermediário entre deuses e homens. Lá ele teve de reconhecer que o deus-peixe estava em terra e que havia tomado a forma humana. O bruxo voltou rapidamente à aldeia e comunicou o seguinte aos seus habitantes: que o deus-peixe não toleraria próximo a ele nenhum mortal exceto o bruxo; ninguém podia aproximar-se dele ou vê-lo — e que quem ousasse pisar no pequeno trecho de areia no sul, no qual o deus-peixe assumia a figura humana, cairia morto imediatamente.

Evidente que ficou no ar a vontade de saber que tipo de coisas secretas o deus-peixe fazia solitário — por exemplo, se ele tinha picareta e pá e se ele sumia no mato atrás da praia, guiado por um pedaço de papel. Mas como o sacerdote manteve seu voto de silêncio, o segredo permaneceu guardado. Nenhum dos habitantes da aldeia, nem mesmo o chefe Maatu, chegou a descobrir o que acontecia lá no sul. E quando Fatuulu tornou a desaparecer depois de alguns dias ou semanas, da mesma maneira como tinha chegado — novamente sob intensos raios e trovões e em direção ao norte, a Samoa —, as pessoas ainda ficaram um tempo envolvidas em animadas explicações e conjecturas. Talvez alguns corajosos fizessem uma excursão até o sul, sem conseguir descobrir algo digno de nota, nem na intocada praia de coral, atrás dos coqueiros, no limite do matagal que ficava numa encosta íngreme. Então, deram de ombros e decidiram não mais quebrar a cabeça.

Mas mal tinham esquecido da coisa, e o deus-peixe retornou, novamente sob raios e trovões, fazendo um barulho sobre-humano. Dessa vez ele também ficou alguns dias e desapareceu novamente — para voltar mais uma vez depois de um tempo. Fatuulu ia e vinha no intervalo de semanas, a seu bel-prazer. Toda vez que o deus-peixe se aproximava, o sacerdote entrava em transe e começava a tremer o corpo todo, como uma folha ao vento. E então não queria mais comer; seu rosto brilhava e seus olhos ficavam estáticos. Nos seus esconderijos, as pessoas conseguiam ouvir como Fatuulu lhes gritava ordens — e isso através da boca do sacerdote, e tão alto que era possível ouvir sua voz na ilha vizinha, Niuatoputapu, distante 9 quilômetros. Às vezes ele ordenava aos homens que abatessem um porco para ele.

É surpreendente que Fatuulu, com essa travessura tão terrena, saísse tanto de seu papel. Todas as outras divindades tonganesas, por sua vez, ocupavam-se das tarefas convencionais da classe: elas montavam a barraca do céu sobre a Terra, guiavam os movimentos dos astros, as migrações dos pássaros e dos cardumes de peixes, organizavam a variação do vento e do tempo, ocupavam-se com as correntes no oceano, bem como com a fertilidade das mulheres e dos jardins. De todos os deuses tonganeses, Fatuulu era o único que passeava na forma humana pelas praias, sentia às vezes vontade de comer carne de porco, assustava os mortais com raios e trovões. Por que ele tinha escolhido exatamente esse pedaço de praia era uma grande charada. Lá não havia locais de culto e nada mais o que valesse a pena mencionar; apenas uma estreita faixa de areia branca entre a água e o matagal que subia íngreme e uma grande rocha preta na praia, que passou a se chamar "Pedra de Fatuulu". O chão em volta dessa rocha se tornou sagrado. Quem pisasse nele cairia morto. Nem mesmo o chefe Maatu ousava ir até lá.

Entretanto, era pequeno o risco de alguém cair morto, pois as pessoas viviam suas vidas havia tempos nas proximidades de sua aldeia, onde tinham seus campos e seus locais de pesca. Eles não tinham motivos para ir à praia no sul; lá não havia terras férteis, e a pesca não era muito abundante. Se o deus-peixe lhes proibia algo que não era mesmo do seu costume, nada mudava no seu cotidiano. Assim, eles aos poucos se acostumaram com a visita do deus-peixe. Eles não se assustavam mais quando ele aparecia relampejando, trovejando e gritando, mas interrompiam apenas rapidamente seu trabalho no jardim, apoiavam o queixo na enxada e acenavam-lhe como se fosse um velho conhecido.

Mas em algum momento — não é mais possível determinar quando — alguém notou que fazia tempo que Fatuulu não aparecia. As pessoas se espantaram e observaram o mar: durante alguns dias, algumas semanas, meio ano. Mas depois eles davam novamente de ombros, chegando à conclusão de que alguma coisa deve ter atrapalhado os planos do deus-peixe ou que agora ele visitava secretamente uma outra ilha. E visto que a vida na aldeia era cheia de nascimentos, casamentos e mortes, Fatuulu caiu no esquecimento.

12 Raios e trovões

É compreensível que os habitantes de Tafahi se assustassem um pouco com relâmpagos, trovões e gritarias; naquela época, sua ilha ainda ficava bem longe dos ruídos mundanos. Na vizinha Samoa, entretanto, o nível de excitação teria sido apenas a metade disso. Lá toda criança sabia que relâmpagos e trovões não eram necessariamente de origem divina ou meteorológica, mas que aconteciam quando se soltavam fogos de artifício. Na época em que chegaram à ilha, os missionários da Sociedade Missionária de Londres costumavam soltar rojões para assustar e amedrontar os habitantes. William Clarke, amigo de Stevenson, deu um passo adiante quando em 1891 pediu à central londrina, por meio de muitas cartas, um financiamento de uma Lanterna Mágica preferencialmente potente, com a qual ele queria projetar imagens de placas de vidro no matagal. Quando o dono do cofre, depois de muito hesitar, finalmente consentiu liberar 25 libras para a compra, Clarke encomendou em Glasgow um projetor e vários retratos sobre vidro da rainha Vitória e de todos os príncipes, duques e presidentes. Não é possível imaginar o rebuliço que a visão dessa projeção gigantesca causou, à noite, na selva dos mares do Sul.

Os samoanos tinham também se acostumado com gritaria, desde que o amigo de Louis, Harry J. Moors, importou os primeiros alto-falantes e as máquinas de música. Thomas Alva Edison inventou um alto-falante que funcionava sem energia elétrica, em 1870; e o fonógrafo em 1877. Este último começou a ser comercializado em 1887, portanto, três anos antes da chegada de Stevenson a Samoa.

Em referência a relâmpagos e trovões, Fanny registra em seu diário uma anedota interessante: que ela, poucos dias depois da compra de Vailima, foi viajar para a Nova Zelândia e a Austrália com Louis e Lloyd. Na volta, em Auckland, eles adquiriram uma quantidade significativa de fogos de artifício. "Lloyd tinha algumas restrições quanto à inflamabilidade do cálcio, de maneira que explicou ao farmacêutico que os fogos seriam transportados de navio. Mas o homem jurou que eles eram tão inofensivos quanto um saco de açúcar. Lloyd decidiu gastar todo o seu dinheiro com isso e encomendou também fogos com fumaça. Deixamos Auckland por volta das oito da noite, e as luzes da cidade nos acompanharam por um bom tempo. Eu estava sentada no salão e comia pães com manteiga. De repente, da cabine de Lloyd começaram a se ouvir estouros e estampidos, seguidos por altas chamas e um terrível cheiro de química. O cálcio inflamável, tão inofensivo quanto um saco de açúcar, tinha pegado fogo e acendido o resto dos rojões. Que naquele meio havia munição, apenas Lloyd e eu sabíamos. Ficamos discretamente em silêncio, embora contássemos que a qualquer instante tiros haveriam de passar raspando pelas nossas orelhas. Corri para nossa cabine e peguei um pesado cobertor vermelho. Louis, que não sabia nada sobre os fogos de artifício, estava impressionadíssimo. Ele olhava para as chamas multicores, inspirando os gases venenosos. Finalmente, disse: Isso parece com o Natal!"[1]

Como agora uma coisa leva à outra, fica claro que não há nada que contradiga a hipótese de que por trás do deus-peixe Fatuulu estava ninguém menos do que Robert Louis

Stevenson. Pelo contrário, é bem possível que ele tenha feito uma descoberta incrível nos seus primeiros dias em Samoa — que Tafahi se chamava antes ilha do Coco. Talvez naquela primeira excursão de barco em dezembro de 1889, William Clarke lhe tenha mostrado um velho mapa marítimo, onde constava ainda seu nome antigo. Ou Louis, durante suas pesquisas, acabou descobrindo isso sozinho, talvez em conversas com o cônsul alemão, britânico ou americano. Mas então ele deve ter imaginado que gerações de caçadores de tesouro estiveram procurando o tesouro da igreja de Lima na ilha errada. E caso ele tenha chegado tão longe em seus pensamentos, é fácil perceber que ele queria checar a questão *in loco*, postergando por um tempo a planejada viagem de volta à Escócia.

Diferente da primeira ilha do Coco, a segunda tinha a desvantagem de ser habitada; os príncipes e os reis do reino de Tonga sempre foram conhecidos como guerreiros, ciumentos da sua terra. Era bastante improvável que os Stevenson resolvessem se fixar em Tafahi para procurar o tesouro à luz do dia. Em Samoa, por outro lado, que ficava apenas a um dia de viagem, a família poderia tornar a se instalar sem chamar a atenção na excêntrica sociedade de trezentos europeus, que lá tinham ancorado por diferentes motivos, mais ou menos plausíveis. E não no meio de Apia, que fervilhava de desocupados curiosos, mas também não muito distante da cidade, a fim de que o abastecimento continuasse garantido. Vailima era ideal.

Depois que uma discreta acomodação foi organizada, Louis teve de fazer com que os amigos e os parentes na Escócia não suspeitassem de nada. Ele tinha de explicar-lhes de modo convincente o motivo de estar se mudando para sempre para Samoa – em função do clima agradável, pela saúde que melhorava a olhos vistos, pela magia da paisagem tropical, pelas alegrias de sua agricultura autárquica.

Se Louis planejava fazer frequentes viagens de navio, o porto de Apia lhe seria muito útil. Entretanto, pode-se dizer que, em matéria de assuntos confidenciais, os portos são, basicamente, o local menos apropriado. Cada navio que entra ou sai é acompanhado por milhares de olhos e precisa registrar sua entrada e saída, pagar taxas e dar explicações sobre sua procedência, destino, carga, tripulação e motivos. Certamente Louis teria conseguido, uma ou duas vezes, sumir do porto sem ser notado, a bordo desse ou daquele navio. Mas sair regularmente sem ser notado, num navio próprio, com destino ignorado, nunca teria sido possível. A menos que ele não tivesse alcançado o mar pelo porto, mas a partir da praia de alguma baía pequena e escondida, usando as elegantes canoas samoanas, que chegavam ao mar passando sem dificuldades pelos recifes de corais e, além disso, faziam a viagem de 267 quilômetros até Tafahi com o dobro da velocidade de qualquer navio europeu.

Quem quer empreender uma viagem para o sul faz escalas preferencialmente na costa sul, evitando assim olhares curiosos e uma viagem longa e perigosa ao redor da ilha, que está rodeada por recifes. Nessa situação, havia uma grande vantagem: o único caminho que saía de Apia e chegava à ilha passava pelo sul, a cerca de 200 metros a leste da propriedade dos Stevenson. Quando Louis punha para correr seu fiel cavalo Jack, ele podia alcançar a costa sul, a 15 quilômetros de distância, confortavelmente em três horas. A Cross Island Road é, até hoje, a ligação norte-sul mais importante da principal ilha de Samoa. Cinco anos depois da morte de Stevenson, a administração colonial alemã transformou o caminho em estrada.

Sozinho, é pouco provável que Stevenson tenha se posto a caminho. Talvez seu enteado Lloyd o tenha acompanhado, talvez também William Clarke ou Harry Moors, e certamente havia uma tripulação samoana de cinco a oito pessoas a bordo. Ainda é possível imaginar que algumas expedições aconteciam sem a presença de Louis, quando uma de suas inúmeras doenças o deixava de cama. Então talvez fosse Lloyd o braço direito de Louis, e era Louis quem acendia o cálcio inflamável na chegada a Tafahi e que colocava os aparelhos edisonianos em posição. É verdade que as frequentes viagens de Lloyd, sempre sem testemunhas, chamavam atenção. Às vezes ele dizia que ia à Nova Zelândia patinar no gelo, surfar no Havaí ou passear em São Francisco. Às vezes ele não mencionava o destino. A falta de testemunhos de terceiros sobre estas expedições e a ausência de fotos era algo estranho.

Além disso, ao lado de Lloyd Osbourne, Harry Moors e William Clarke, um quarto homem entra na lista dos possíveis caçadores de tesouro: o primo escocês de Louis, Graham Balfour, que chegou em 1892 a Vailima. Ele era formado em direito, tinha 34 anos — um sujeito alto, alegre, de bigode loiro e, ainda por cima, solteiro. Motivos para Belle, recém-separada, apaixonar-se imediatamente por ele. Graham, por sua vez, não manifestou nenhum interesse sensual por ela, instalando-se nos recintos de solteiro de Lloyd. Na verdade ele queria ficar apenas por um mês, mas Vailima tornou-se sua principal base durante anos, da qual ele empreendia viagens incansáveis por caminhos geralmente desconhecidos nos mares do Sul.

Atracar na costa sul de Tafahi não é fácil. Os samoanos, mesmo em suas canoas, precisavam mostrar muita habilidade para atravessar os corais e chegar à calma laguna. É bem possível que a pedra preta lhes servisse para marcar o caminho, aquela que os nativos logo batizariam de "Pedra de Fatuulu". Uma vez na praia, os homens teriam escavado a areia, pesquisando durante dias ou semanas as íngremes escarpas vulcânicas e a água perto da margem, e à noite encomendavam junto aos nativos, por meio do rudimentar alto-falante, um porco grelhado. E quando os mantimentos começavam a escassear, voltavam para casa em Samoa, onde Louis reassumia sua ocupação burguesa de escritor. Naqueles anos, ele não disse uma palavra sobre piratas e ilhas de tesouro. E quando escrevia histórias sobre os mares do Sul, sempre reforçava que sua inspiração tinha caído do céu. O conto "A praia de Falesa", escrito em 1892, seu terceiro ano em Samoa, é interessante: nela aparece um aventureiro branco e brincalhão chamado Case, que tinha fincado pé na baía isolada de uma ilha e mantinha os nativos afastados pendurando caixas de madeira com cordas de mandolinas nas árvores. Quando o vento batia nas cordas, ouvia-se algo como cantos de espíritos, que apavorava os ilhéus.

É bem possível que, na segunda ilha do Coco, Louis tenha se esforçado tanto quanto August Gissler e os milhares de caçadores de tesouro, antes e depois dele, se esforçaram na primeira. No entanto, caso ele tenha mesmo encontrado ouro, prata e pedras preciosas, deve ter levado grande parte para o barco — as canoas samoanas surpreendem não só por serem estreitas, mas também por conseguirem carregar várias toneladas —, levando o butim pelo mar até Vailima. Em seguida, esperava algumas semanas para voltar sob relâmpagos e trovões e buscar uma nova carga. O imenso cofre, que se encontra até hoje no grande salão de Vailima, poderia facilmente ter abrigado um ou dois carregamentos de ouro e pedras preciosas. Mas o objetivo de Louis não poderia ser apenas transportar o tesouro da igreja de Lima de Tafahi até Samoa — ou seja, de uma ilha para outra, pois mesmo com os dobrões espanhóis na mão, um caçador de tesouros ainda está longe de ser um homem rico. Para poder desfrutar sua sorte, ele precisa primeiro transformar o ouro em dinheiro, e isto significa trocar os dobrões por dólares e transformar a arca em uma conta bancária. Algo impossível em Samoa. Embora houvesse alguns comerciantes em Apia — entre eles, claro, Harry Moors —, se Robert Louis Stevenson quisesse derramar grande quantidade de ouro pirata na circulação financeira legal, ele dependia da ajuda discreta de grandes casas bancárias em metrópoles anônimas, onde não se perguntava muito sobre a origem dos altos valores que entravam. Por motivo de segurança e discrição, também é sensato não transferir todo o tesouro em um único grande frete ao banco — eventualmente com uma parada intermediária num avaliador ou ourives, que dispunha de um forno suficientemente grande —, mas dividir, em bancos diferentes, várias pequenas porções. Nesse caso, era necessário fazer constantes e breves viagens a Sidney, Auckland ou Honolulu. E, realmente, durante sua estadia de cinco anos em Samoa, os membros do clã Stevenson fizeram muitas viagens curtas.

> 1890: Louis viaja duas vezes para Sidney e Auckland — sem a indicação de um motivo preciso. Fanny viaja milhares de quilômetros até as ilhas Fiji, a fim de contratar um cozinheiro. Lloyd é mandado à Inglaterra para escolher móveis.
> 1891: Louis viaja para Sidney para buscar a mãe e Lloyd, que chegaram de Londres. A partir daí, Lloyd empreende frequentes viagens de destino ignorado.

1892: Chega Graham Balfour, primo de Louis. Durante seus dois anos em Vailima, ele faz inúmeras viagens pelos mares do Sul. Austin Strong, filho de Belle, vai a Monterrey, Califórnia, estudar, voltando sempre para casa no começo das férias.

FEVEREIRO DE 1893: Louis, Fanny e Belle em férias em Sidney para se recuperar.

SETEMBRO DE 1893: Louis vai ao Havaí.

OUTUBRO DE 1893: Fanny busca Louis no Havaí.

MAIO DE 1894: Lloyd viaja à Nova Zelândia para patinar no gelo.

DEZEMBRO DE 1894: Logo após a morte de Louis, Lloyd parte para uma viagem a fim de espairecer.

Também é preciso dizer que já no século XIX tesouros não declarados de piratas eram considerados valores ilegais. O feliz descobridor precisava se esforçar para encobrir o dinheiro, dando-lhe uma origem crível e legal. Hoje chamamos esse procedimento de lavagem de dinheiro. Políticos corruptos, traficantes de drogas e de armas e criminosos do mercado financeiro fazem grandes esforços a fim de investir dinheiro sujo em negócios legais, mas de pouca transparência. Alguns compram telas de Gauguin e Van Gogh, as quais ninguém pode afirmar o valor; outros compram jogadores ou times inteiros de futebol, ou cassinos. Em um segundo passo, lançam imensos lucros, que na realidade nunca existiram — fazendo com que o patrimônio antes ilegal subitamente receba uma origem legal. O número dos conhecedores da operação deve ser o menor possível. E quando esses se multiplicam, pode às vezes acontecer de um ou outro partir antecipadamente do mundo dos vivos.

A maioria desses truques era impraticável na época de Robert Louis Stevenson. O mercado de arte ainda engatinhava; quando Stevenson aportou em Samoa, Van Gogh tinha acabado de vender seu único quadro (o "Vinhedo vermelho", por 400 francos, e Gauguin foi a Samoa pela primeira vez em 1891, após sua ida ao Taiti. No que se refere ao futebol, ele ainda era praticado por amadores no mundo todo. No final do século XIX, porém, o comércio imobiliário absorveu imensas somas de dinheiro não declarado e alcançou lucros notáveis, principalmente nos Estados Unidos. E estes lucros foram multiplicados no século XX, quando o petróleo foi descoberto nesses terrenos.

É esse então o caminho que o tesouro de Lima talvez tenha percorrido, caso Robert Louis Stevenson realmente o tenha resgatado em Tafahi. E vejam só: em primeiro lugar, como ainda será demonstrado, o clã Stevenson entrou no ramo imobiliário californiano depois de encerrada sua aventura nos mares do Sul. Em segundo lugar, supostamente se descobriu petróleo em um desses terrenos. E, terceiro, notoriamente muitos membros do clã morreram precocemente, e de causas semelhantes — até que, no final, restou apenas uma sobrevivente.

13 A ilha dos piratas

Em setembro de 1893, Louis empreendeu novamente uma de suas viagens inesperadas, sem mencionar um motivo plausível. Ele embarcou em Apia no navio postal *S.S. Mariposa*, para percorrer durante uma semana 4.500 quilômetros na direção norte até o Havaí — "simplesmente para estar em trânsito novamente".[1] Seus acompanhantes eram o primo Graham Balfour e o empregado samoano de Louis, Ta'alolo. Depois de uma semana de estadia, esse era o plano, eles voltariam para casa no primeiro vapor. Na viagem de ida, porém, Ta'alolo teve sarampo; as autoridades havaianas permitiram que ele desembarcasse em 20 de setembro, mas o colocaram em quarentena. Enquanto Louis e Graham se hospedavam no Hotel Sans Souci na praia de Waikiki, Ta'alolo foi acomodado ali perto, em uma cabana de praia isolada. Um vigia ficava de prontidão para garantir que ele não fugisse nem recebesse visitas.

Louis apreciou o retorno à civilização. Ele encomendou um cocheiro, que devia se manter à sua disposição durante toda a duração de sua estadia, e assim se apresentou de um evento social a outro. Visitou a recém-deposta rainha Lilioukulani, deu uma palestra no Scottish Thistle Club, o clube dos escoceses que viviam no Havaí, e, como sempre, foi amável com os jornalistas — e quando os redatores não vinham até ele no hotel, ele os procurava nas redações. No dia da volta para casa, entretanto, pegou pneumonia e teve febre alta, provavelmente acompanhada por seu "velho conhecido cuspir sangue". Não era mais possível pensar em uma viagem marítima. Ele chamou o doutor Trousseau, o médico mais famoso do Havaí, e despachou pelo *Mariposa* um telegrama a Fanny, pedindo para ela buscá-lo em Honolulu.

George Philippe Trousseau era francês e tinha 60 anos. Ele trabalhava como médico particular da família real havaiana, já cumprira vários anos como especialista em epidemias e médico do porto em Honolulu, e administrava, paralelamente, uma criação de avestruzes, uma plantação de cana-de-açúcar e uma criação de carneiros. Se lhe faltava algo no Havaí, eram as conversas cultas com homens do seu nível e sua formação. Por essa razão, ele gostou muito de ter Robert Louis Stevenson como paciente. Ele o visitava todos os dias no Sans Souci, aproximava uma cadeira para perto da cama e acendia um charuto, para ficar conversando sobre literatura com o famoso escritor durante uma ou duas horas. Certo dia o médico aconselhou seu paciente a escrever uma história polinésia em forma de versos. Louis retrucou, dizendo que uma boa história não resiste às amarras da formalidade lírica. Mas como o doutor Trousseau havia estudado latim e grego no ginásio em Paris, não aceitava o desprezo pelos hexâmetros e pentâmetros. O médico pediu ao escritor que pelo menos fizesse uma tentativa. E como ele não dava mostras de desistência, Louis disse, finalmente, ainda enfraquecido pela febre: "Pois bem! Então vamos tentar agora!" Pegou lápis e papel, pediu silêncio ao doutor até que esse terminasse de fumar seu charuto. Meia hora mais tarde ele entregou ao doutor Trousseau uma folha de papel, no qual havia um tipo de descrição de viagem.

A ilha dos piratas

Segunda à noite içamos as velas,
em direção à púrpura e ao ouro,
daquelas águas cálidas. Éramos seis —
quatro fiéis morenos e dois brancos — e tomamos o rumo
de portos desconhecidos. Nunca antes meus samoanos
tinham ousado ir tão longe; nem teriam ido
se não os tivesse encorajado.
Quando ao quinto dia da viagem — ou até mais —
ainda não havíamos avistado terra,
nem um mísero atol,
tinha eu certeza, fracassamos no nosso intento.
Segundo meu mapa
já teríamos encontrado aqui
uma ilha em cujas margens, há muito —
como contam os velhos capitães —
o ouro dos piratas foi enterrado,
de grandes navios desembarcado,
vindos do país onde nasce a pimenta,
muito longe, do outro lado do oceano.
Nessa pequena ilha, então, segundo meus samoanos,
há uma montanha alta, junto à praia.
Lá esconderam as canoas,
repletas de ouro brilhante,
em barras e em pepitas, do mais nobre valor,
e pérolas brancas e negras,
para as orelhas do chefe.
Assim dizia a lenda,
que desde tenra a infância empurrou meus samoanos
ao mar aberto e lhes deu

energia para seguir remando.
Mas quando gritei: "Crianças, nos perdemos!"
então o jovem Upolu começou a uivar
até o chefe Kimo o advertir severamente:
"Acalme-se, jovem néscio, e não envergonhe
nem a você mesmo, teus pais, teu povo
e não permita..."[2]

Neste trecho termina o fragmento. Bem ao pé da página Louis escreve: "Senhor, isso certamente não é uma joia, mas é suficiente. O senhor pode reconhecer aqui que a prosa é muito mais indicada para reproduzir uma ação real. Mantenha isto como prova de como conselhos bem-intencionados podem falhar ao serem colocados em prática. Com meus mais sinceros votos de estima e consideração, seu devoto servo, R.L.S."

O fragmento permaneceu em propriedade de George Philippe Trousseau e — independentemente dos motivos — nunca foi anexado às publicações oficiais da obra de Robert Louis Stevenson.

14 “Estou parecendo estranho?”

O último dia na vida de Louis foi 3 de dezembro de 1894. De manhã, como de costume, um pouco antes das seis, quando todos ainda dormiam em Vailima, ele se pôs a trabalhar — quer dizer, sentou-se na cama, empurrou alguns travesseiros atrás das costas e pegou papel e lápis para rascunhar o capítulo nove de seu mais novo romance, *O açude de Herminsto*, que ficaria incompleto. Uma hora mais tarde, certamente seu empregado teria lhe levado uma laranja para o café da manhã, e depois de mais duas horas, Belle deve ter aparecido para o ditado. À tarde, ele tomou um banho num pequeno lago atrás da casa, que servia à família como piscina, e quando o sol tinha sumido atrás da montanha, foi para seu quarto no andar superior a fim de se trocar para a noite. Quando desceu a escada, logo depois das seis, encontrou Fanny, de humor sombrio, na varanda. Havia dias que ela estava tendo terríveis premonições de que algo aconteceria com alguém querido nos próximos dias; ela estava convencida de que o escolhido seria Graham Balfour, que naquele momento estava em trânsito em alto-mar. Louis tentou distraí-la com uma conversa animada, chamou-a para jogar cartas e sugeriu para o jantar a “Salada Vailima” . Ele pegou uma garrafa de vinho da Borgonha e começou a preparar a salada, misturando avidamente o óleo com suco de limão para o molho. Subitamente, ele segurou a cabeça e disse: “O que é isso? Oh, que dor! Estou parecendo estranho?” Fanny escondeu seu susto e respondeu que não, mas em seguida Louis caiu. Fanny e seu empregado

Sosimo levaram-no para a casa, até sua poltrona verde ita junto à lareira no grande salão, que pertencera a seu avô, Robert Stevenson, o inventor do farol de luz intermitente. Ela chamou por Belle e por Margaret, a mãe de Louis, e por fim veio também Lloyd de suas dependências de solteiro. Louis estava na poltrona com os olhos arregalados e respirava com dificuldade; Fanny chamou-o pelo nome sem parar, mas ele não deu qualquer sinal de que estava consciente. As mulheres trouxeram uma cama de armar, e Lloyd e Sosimo o colocaram sobre ela. Quando Fanny, Belle e Margaret estavam se preparando para retirar-lhe as botas de montaria, Lloyd protestou — afinal, Louis sempre disse que queria morrer calçando suas botas. As mulheres, porém, preferiam prestar primeiros socorros a cumprir, de antemão e literalmente, os últimos desejos de Louis. Dessa maneira, Lloyd foi enviado a Apia para achar um médico disponível. O doutor Bernhard Funk, da Associação Comercial Alemã, diagnosticou um coágulo no cérebro como a causa do ataque apoplético; o doutor Robert W. Andersen, do navio de guerra britânico *Wallaroo*, afirmou tratar-se de um derrame cerebral. Fanny tentou reanimar Louis, sem sucesso, massageando seus braços com conhaque. Mas quando Andersen olhou os braços esqueléticos, soltou: "Como alguém com esses braços pode escrever livros?" A resposta de Fanny foi: "Ele escreveu todos os seus livros com esses braços."

Logo depois dos médicos, chegou o missionário William Clarke, melhor amigo de Louis. Todos ficaram ao redor da cama. Fanny e Belle continuavam tentando reanimar a circulação do moribundo com conhaque. Lloyd o tinha em seus braços, e Margaret e Clark ajoelharam-se ao lado da cama para rezar, enquanto a respiração de Louis ficava cada vez mais fraca. Por volta de 8h10, sua respiração parou.[1]

Fanny sabia que o corpo tinha de ser enterrado no máximo às três horas da tarde do dia seguinte, pois nos trópicos a putrefação é rápida. Também estava claro que Louis seria enterrado no monte Vaea, como assim desejara. Não havia uma trilha até o cume. Assim, Fanny ordenou aos seus empregados que fossem às aldeias vizinhas e pedissem aos chefes que abrissem uma trilha subindo o monte Vaea. Duzentos homens se reuniram rapidamente e dividiram-se em todo o trecho de Vailima até o cume, trabalhando no escuro com facões, enxadas, pás, picaretas e talhadeiras. Os moradores de Vailima escutaram durante toda a noite seus barulhos abafados, o som de gigantes árvores da montanha sendo derrubadas e as preces latinas que os empregados samoanos tinham aprendido com os missionários. Quem terminava seu trecho avançava até o cume para abrir uma clareira para a cova, ou descia até a praia para buscar corais brancos e rochas vulcânicas pretas, o descanso tradicional para reis e chefes importantes. Nesse meio-tempo, os empregados de Louis espalharam óleo de coco no corpo dele, perfumado com o aroma doce da árvore ilangue-ilangue (*Canangium odoratum*). Ao contrário dos hábitos samoanos, no entanto, ele não foi envolto em finas mantas, mas colocado, como fazem os europeus, em um caixão — aprontado durante a noite pelo marceneiro Willis, de Apia. Ele chorava enquanto se curvava sobre o corpo de Louis para tirar medidas. Em seguida, Louis foi vestido com sua jaqueta de veludo e, por fim, a bandeira do Reino Unido foi colocada sobre sua magra compleição.

No dia seguinte, quando o sol estava a pino, a trilha ficou pronta. O cortejo fúnebre começou na íngreme subida. O chefe mais importante foi na frente, seguido por seu auxiliar, que tirava sons graves e longos de um instrumento de sopro feito de concha. Então veio o caixão. Durante toda a extensão do caminho íngreme, os homens tinham se postado em uma formação de quatro, e iam passando com cuidado o caixão adiante. A trilha passava por terras úmidas e lamacentas, pedras vulcânicas escorregadias e estava coberta por folhas gotejantes de samambaias e arbustos. Margaret e Fanny logo perderam suas forças e tiveram de retornar. Os outros alcançaram o pequeno platô no cume depois de uma hora, no meio do qual estava a cova aberta. O reverendo William Clarke proferiu a oração do réquiem, declamando um poema escrito por Louis. Finalmente, quatro samoanos entraram na cova e arrumaram o caixão sobre seu leito de lava e coral, colocaram terra por cima, cobrindo tudo com pedras vulcânicas pretas. Para completar, espetaram na extremidade da cova um galho, prendendo nele uma pequena cruz de ferro. E para que o descanso final de Louis não fosse interrompido, os chefes decidiram que disparar armas de fogo ao redor do monte Vaea estava para sempre proibido.

15 O duende da garrafa segue seu curso

Com a perda de seu único provedor, Fanny, Belle, Lloyd e Austin permaneceram sozinhos em Vailima. A probabilidade de que algum deles pudesse receber uma quantia significativa de dinheiro não gerava muita expectativa. Austin, de 13 anos, era um aluno regular, sem qualquer talento especial. Fanny e Belle sempre tiveram um provedor masculino e sempre gastaram mais dinheiro do que tinham. E Lloyd Osbourne estava ocupado com suas festas, viagens de lazer, torneios de bilhar e moças nativas. Ele teria ficado um tanto surpreso se alguém lhe pedisse que atuasse financeiramente não apenas no lado dos gastos, mas também das entradas financeiras, se possível com um trabalho pago.

A única pessoa em Vailima que realmente tinha dinheiro era a mãe de Louis, Margaret. Ela administrava a fortuna dos Stevenson. Poucos dias depois da morte de Louis, porém, ela decidiu voltar para a casa na Escócia e passar sua velhice ao lado da irmã Jane Whyte Balfour, em Edimburgo. Dois anos mais tarde, com os pulmões acometidos, num delírio febril, ela teria visto seu único filho parado aos pés da cama. “Lá está Louis! Tenho de ir!”, disse, e morreu no dia seguinte.

É interessante notar que os que ficaram em Vailima nunca chegaram à desagradável condição de ter de trabalhar por dinheiro. Mesmo Harry Moors não tinha motivos para se queixar; seus negócios andavam tão bem que ele, 32 anos depois, no final de sua vida, era considerado o maior contribuinte individual de impostos em Samoa. Também é notável que William Clarke tenha deixado a missão logo após a morte do melhor amigo, Louis, regressando para a Grã-Bretanha na companhia de Margaret.*

Era como se o duende da garrafa do conto de Louis tivesse se decidido a continuar se ocupando do bem-estar da família. O uísque e o vinho da Borgonha continuaram a jorrar, mesmo os menores afazeres continuaram a ser executados por empregados da casa e as visitas continuaram a ser recebidas suntuosamente. Para se recuperar da correria das cerimônias fúnebres, Lloyd seguiu numa pequena viagem de navio. Mal voltara, em abril de 1895, Fanny, Belle e Lloyd fizeram uma excursão até a Califórnia. E, na viagem de volta, deram uma parada de três meses no Havaí, hospedados no Hotel Sans Souci na praia de Waikiki. Um ano se passou até regressarem a Vailima. E quando chegou a notícia da morte de Margaret, um ano depois disso, os Osbourne partiram para a Escócia a fim de tomar posse da herança, deixando para sempre sua casa em Vailima. Fanny vendeu o imóvel levianamente por 1.750 libras esterlinas. Isso não era nem um quinto do que Louis tinha usado para comprar o terreno e erguer a casa. O comprador foi um

---

* "A morte de Stevenson foi um grande choque para mim", Clarke escreveu em 25 de janeiro de 1895 para a central em Londres. "Ele gostava de mim como um irmão, e eu o amava de coração. Perdi meu melhor e mais querido amigo em Samoa. Agora é meu dever voltar para as únicas pessoas que me são mais caras do que ele. Provavelmente voltaremos para a Inglaterra junto com a senhora Stevenson." Realmente o casal Clarke voltou à Inglaterra com Margaret Stevenson em 21 de fevereiro de 1895, chegando em 8 de maio. Vinte e dois anos depois, porém, em 14 de abril de 1917, ele partiu novamente para Samoa — desta vez sozinho. Ele ficou por dois anos e fez inúmeras viagens de navio. Voltou a Londres em 7 de agosto de 1920, onde morreu em 25 de maio de 1922. (N. do A.)

comerciante de Hamburgo chamado Gustav Kunst, que tinha feito fortuna com a estrada de ferro siberiana e com o comércio de peles.*

Nos anos seguintes, Fanny passou por uma transformação incrível. Ela, que sempre sofreu de todas as doenças reais ou imaginárias, agora desfrutava uma saúde muito boa e tinha muita vitalidade. Comprou um carro grande e ficou perambulando com Lloyd pela França, Espanha e Portugal. Passou um inverno agradável na ilha da Madeira, construiu uma casa parecida com uma fortaleza nas montanhas de São Francisco e decorou-a com a mobília elegante dos Stevenson, que tinha mandado trazer de Samoa. À noite, ficava sentada no terraço observando os navios que passavam pela Golden Gate rumo ao Pacífico; às vezes visitava sessões espíritas, buscando contato com o espírito de Louis.

É espantoso que os Osbourne pudessem viver com um estilo de vida tão luxuoso, embora Louis tivesse ganhado muito dinheiro escrevendo e seus antepassados do lado paterno tivessem amealhado uma fortuna considerável com os faróis. Em primeiro lugar, já durante

---

* Gustav Kunst (c.1836-1905), nos últimos anos de vida, fugiu do inverno europeu para a Samoa alemã e lá foi reconhecido como filantropo por construir em Apia um mercado e um hospital para a população branca. Depois de sua morte, o sobrinho vendeu a propriedade ao governo alemão, que transformou Vailima na residência do governador. Em 1914, no início da Primeira Guerra Mundial, quando tropas neozelandesas expulsaram os colonos alemães de Samoa, o governador neozelandês passou a usar a casa. Após a independência de Samoa em 1962, Vailima tornou-se o endereço do chefe de Estado. O edifício sofreu grandes danos durante os furacões de 1990 e 1991. Comprado por investidores americanos ligados à igreja mórmon, Vailima foi restaurada como Museu Robert Louis Stevenson. (N. do A.)

a vida de Louis, o clã vivia de forma perdulária; em segundo, a herança se dividiu em tantas cabeças que certamente não teria sido suficiente para décadas de ócio na prosperidade.*

Quando Fanny estava com 64 anos e a morte de Louis completava dez anos, um novo homem apareceu a seu lado. Ela empregou um jovem jornalista, tímido, mas culto e com senso de humor, como "secretário particular" para se ocupar de todas as instâncias práticas de sua vida particular. Edward "Ned" Salisbury Field fazia a contabilidade de Fanny, administrava suas contas bancárias, lidava com o fisco e reservava suas passagens de navio, quartos de hotel e mesas em restaurantes. Ned Field era seu homem de confiança. Embora fosse quarenta anos mais moço do que ela, vinha da mesma cidade, Indianápolis; sua mãe e Fanny tinham sido colegas de escola. A confiança logo se transformou em algo mais íntimo. O jovem não saía mais do seu lado, dia e noite, mesmo nos finais de semana — o que gerava uma oportunidade para fofocas. E quando o improvável casal passou a fazer longas viagens de lazer para Nova York, México e Europa, tudo ficou tão às claras que as fofocas pararam.

Ned Field acompanhou Fanny em todas as suas viagens, fielmente, durante dez anos, até a noite de 17 de fevereiro de 1914, quando ambos estavam sentados na

---

* De acordo com o testamento de Louis, escrito em setembro de 1893, um quarto do patrimônio paterno, administrado por sua mãe, Margaret, seria entregue ao primo Bob (3.136 libras) e às irmãs dele, Dora Fowke e Katharine de Mattos (1.568 libras cada). Um quarto da quantia restante (ou seja, 4.704 libras) seria investido em nome de Belle, e o restante (14.112 libras) era de Fanny, devendo ser repassado a Lloyd no momento da morte dela. (Os dados são de uma carta de 3 de novembro de 1897 de Baxter a Balfour, NLS.) RLS para Charles Baxter, c. 17 de junho de 1893, carta 2589, n. 4 (*Letters*, vol. 8, p. 110). (N. do A.)

sala de sua casa em um dos bairros altos de São Francisco. Fanny folheou revistas, depois jogou cartas com Ned. Lá fora, na noite californiana, as árvores frutíferas estavam em flor. Às dez e meia ela se retirou para dormir e em algum momento durante a noite sofreu um derrame — assim como Louis, 19 anos, dois meses e duas semanas antes dela.

Seu corpo foi cremado depois de uma discreta cerimônia fúnebre. Em seu testamento, Fanny havia registrado que suas cinzas deveriam ser enterradas no cume de Mount Vaea, ao lado de Robert Louis Stevenson. Belle dispôs-se a fazer a viagem até Samoa com as cinzas da mãe. Antes, porém, ela fez algo curioso: não apenas ficou com a herança material da mãe — com a incumbência de repassar ao irmão Lloyd uma renda vitalícia de 300 dólares —, como também manteve o homem da confiança dela, que há mais de dez anos administrava o patrimônio da família. Meio ano após a morte de Fanny, em 29 de agosto de 1914, Isobel Strong Osbourne e Edward "Ned" Salisbury Field casaram-se em Los Gatos, condado de Santa Clara, Califórnia. Ela estava com 56 anos, ele 35 — a mesma idade que o filho de Belle, Austin, que ganhou um padrasto. Parecia que o duende da garrafa de Fanny tinha sido transferido para a filha.

O segundo casamento de Belle foi tão feliz quanto foi infeliz o primeiro com Joe Strong. Belle ganhou muito dinheiro, pela primeira vez na vida, leiloando inúmeras cartas, anotações e manuscritos inéditos de Stevenson. Ned era um marido fiel e amoroso, e ela acolhia o tímido jovem esposo com dedicação maternal. Sob sua orientação, ele abandonou o jornalismo e passou a escrever romances e comédias teatrais;* mas se ocupou principalmente do comércio imobiliário especulativo, onde parece ter tido muita sorte.

Infelizmente Ned Field deixou este mundo prematuramente e sob circunstâncias estranhas. Aconteceu em 18 de setembro de 1936, no aniversário de 78 anos de Belle, na sua casa de campo às margens do Zaca, um lago calmo, afastado, ao norte de Santa Bárbara. À tarde, o casal havia festejado alegremente — supostamente a sós. Então Ned deitou-se para a sesta e não acordou mais, morrendo subitamente com apenas 56 anos. Belle se manteve incrivelmente fria diante da situação. A velha senhora carregou o marido morto até o carro, colocou-o no banco traseiro e dirigiu mais de 35 milhas até sua casa em Santa Barbara.[1]

Essa não deveria ser a última morte que Belle haveria de chorar; como a maioria das pessoas longevas, ela pagou sua sorte levando seus entes queridos ao túmulo. Em 22 de maio de 1947, estava sentada na cama do moribundo irmão mais jovem Lloyd, no sanatório Glendale em Los Angeles.[2] Ela estava com 88 anos, ele com 80. Lloyd passou toda a sua vida em ócio opulento nos clubes e bares mais chiques de Paris, Londres e Nova York. Permaneceu até o fim o excêntrico dândi que tinha sido em Vailima, embora tivesse se casado em 1896 com uma moça inteligente e bonita chamada Katherine Durham, que lhe deu em 1897 seu primeiro filho, Alan, e em 1900 o segundo, Louis. Mas quando sua

---

* Os maiores sucessos de Ned Field foram as comédias *Twin Beds* (1914) e *Wedding Bells* (1919). Uma das peças, segundo o *New York Times*, tratava basicamente de "pijamas, roupões de cabeleireiros, calças de homens, mulheres e brigas"; a outra, de acordo com *The Times*, era uma "farsa espirituosa e divertida, perpassada por um tom de *nonsense*". (N. do A.)

mãe Fanny, que estava em uma disputa acirrada com a nora, por ciúmes, pediu que escolhesse entre ficar com Katherine ou abdicar da herança, ele se decidiu pela herança. Lloyd fez inúmeros cruzeiros e mantinha contas bancárias em diversos países, gostava de comprar carros bonitos e desenvolveu nos anos 1930 uma admiração pelo amor que os nazistas tinham por ordem e pelo pensamento de Mussolini.[3] Casou-se com uma francesa quarenta anos mais jovem chamada Yvonne Payerne, com a qual teve mais um filho, e passou sua velhice na Côte d'Azur. Quando voltou aos Estados Unidos para morrer, já era tarde demais para se reconciliar com a família. Sua primeira esposa, Katherine, e os filhos Louis e Alan se recusaram a se despedir dele no leito de morte.

Dessa maneira, restou apenas Isobel Osbourne Strong Field. E Belle ficou totalmente sozinha em 17 de setembro de 1952, um dia antes de seu aniversário de 94 anos, quando seu único filho, Austin Strong — que, contra todos os prognósticos, alcançou uma carreira notável como dramaturgo na Broadway* —, morreu em sua casa de veraneio em Nantucket. O destino, porém, guardava mais um capricho. Em vários terrenos, que Belle herdara de Ned Field, inesperadamente — pelo menos é assim que reza a lenda familiar, passada adiante por gerações de biógrafos —, foram achadas consideráveis reservas de petróleo. Os campos de petróleo supostamente situavam-se em Long Beach e Signal Hill, ao sul de Los Angeles, e deviam conter tanto petróleo que

* A peça de teatro de maior sucesso de Austin Strong foi *O sétimo céu*, que, depois de sua estreia em 30 de outubro de 1922, ainda foi levada outras 704 vezes na Broadway. A comédia romântica acabou sendo filmada em 1927 com Janet Gaynor e Charles Farrell nos papéis principais. Em 1937 surgiu uma versão falada, protagonizada por Simone Simon e James Stewart. (N. do A.)

Belle, a última herdeira de Vailima, tornou-se milionária nos últimos anos de vida. Parece que o duende da garrafa havia prestado um último serviço aos Osbourne.

O fato é que em 1921, ou seja, 15 anos antes da morte de Ned, um dos maiores campos de petróleo dos Estados Unidos foi encontrado em Long Beach. Apressadamente, centenas de donos de pequenos terrenos instalaram milhares de máquinas de perfuração. Nenhum quis admitir que o petróleo debaixo do seu terreno fosse prospectado pelo vizinho. O campo de petróleo revelou-se muito próspero — o petróleo jorra até os dias de hoje —, e alguns donos dos terrenos realmente ficaram ricos. Mas não há provas de que um dos felizardos tenha sido um homem chamado Ned Field. O Department of Oil Properties, da cidade de Long Beach, não registra ninguém com esse nome em seus arquivos, bem como a Los Angeles Basin Geological Society.

Isobel Osbourne Strong Field morreu riquíssima em 26 de junho de 1953 em Santa Barbara, Califórnia. Ela foi enterrada no Forest Lawn Memorial Park em Glendale. Com ela, partiu deste mundo a última moradora de Vailima e a última confidente de Robert Louis Stevenson.

16 O sopro que veio do mar

O que resta agora, já que todos morreram? Permanecem as duas ilhas do Coco — impassíveis na arrebentação do oceano Pacífico, velando por seu segredo. E, além disso, o mistério acerca da possível revelação deste segredo. E mesmo que permaneçam intocadas pelos dramas da ganância e paixões humanas, não são imperturbáveis, pelo contrário: ilhas vulcânicas, assim ensina a geologia, são formações de extrema instabilidade tectônica. Lá acontecem deslocamentos, erupções e tremores muito intensos, terras novas emergem das marés e braços de terra inteiros são tragados pelo mar. Além disso, devido ao derretimento dos polos Norte e Sul, o nível das marés no Pacífico eleva-se lentamente, de forma contínua. Se compararmos os mapas mais antigos das ilhas do Coco com as mais recentes imagens de satélite, fica evidente que seu contorno hoje mal se assemelha àquele de duzentos anos atrás. Caso as visitassem hoje, nem o capitão Thompson, nem John Keating ou Robert Louis Stevenson saberiam ao certo onde estavam. Mesmo se tivessem em mãos um autêntico mapa do tesouro, que o próprio Thompson poderia ter desenhado, já que enterrou o tesouro. Infelizmente, parece ser muito provável que todo o ouro e toda a prata, caso ninguém os tenha descoberto, tenha sido consumido pelas forças imensas que reinam no interior de uma ilha vulcânica. Talvez o tesouro tenha afundado no mar, ou derretido pelo calor da lava líquida...

Nada disso impediu que gerações de caçadores de tesouro passassem a pá, por assim dizer, umas para as outras —

mesmo se em apenas uma ilha do Coco, a costa-riquenha. Em Tafahi, contudo, a calma paradisíaca retornou após os dias de Robert Louis Stevenson e do deus-peixe Fatuulu. Os nativos, há algumas décadas, plantam baunilha da melhor qualidade, alcançando preços máximos no mercado internacional. Ninguém notou que o deus-peixe Fatuulu nunca mais retornou.

Porém, é interessante que, em 1952 — um ano antes da morte de Belle Osbourne —, um jovem dinamarquês chamado Preben Kauffmann tenha aportado em Tonga. Ele havia se lançado ao mar meio ano antes a bordo de um pequeno barco a vela usado em São Francisco. Depois de avançar corajosamente por debaixo da Golden Gate, velejou pelo oceano Pacífico, passando pelo Taiti, até chegar ao pacífico reinado. Após um breve período, ele se instalou em Tafahi. É interessante observar que não escolheu a costa norte da ilha, próximo à aldeia, mas a sudeste. Ou seja, naquela praia onde, sessenta anos antes, o deus-peixe tinha aprontado suas peripécias. Preben Kauffmann achou uma caverna atrás da praia e se acomodou confortavelmente, para passar os próximos quarenta anos como um ermitão.

Preben Vigo Heinrich Kauffmann nasceu em 11 de junho de 1923 em Fredericia, não muito longe da fronteira com a Alemanha, em Schleswig-Holstein — e no banco traseiro de um táxi, a caminho do hospital. Ele foi uma criança enfermiça, mas bom aluno; nos tempos de escola na cidadezinha portuária de Skaelskør, ele quase sempre trazia as melhores notas para casa. Preben não tinha completado 17 anos quando, em 9 de abril de 1940, o Exército alemão invadiu a Dinamarca. No ano seguinte, Preben iniciou os estudos de engenharia na Politécnica de Copenhague. Ele especializou-se em engenharia hidráulica, terminou os estudos em 1946 com louvor e em 1948 foi para São Francisco, onde arrumou um emprego de inspetor de pontes e túneis. Um fato curioso é que, desde o primeiro dia, ele economizou dinheiro para comprar um barco a vela. Depois de dois anos, a hora tinha chegado: Preben Kauffmann, que não tinha a menor noção nem de vela muito menos de navegação em alto-mar, comprou um barco de um mastro, barato e usado, de 8 metros de comprimento, assim como um livro sobre navegação. Assim equipado, ele ficava dando voltas pela bacia de São Francisco em todos os seus dias de folga para se formar velejador autodidata. E isso debaixo dos olhos de Belle Osbourne, agora com 94 anos, cuja casa tinha uma vista maravilhosa da baía. Num certo dia agradável no verão de 1951, ele carregou seu barco com muita provisão e, passando por debaixo da Golden Gate, saiu rumo ao oceano Pacífico.

Chegou a Tonga em 18 de março de 1952, loiro, queimado de sol e barbudo da longa viagem com um desvio no Taiti. Ele não dominava a língua local e praticamente não tinha dinheiro — mesmo assim, em pouco tempo fez carreira no reino das ilhas. Preben não se tornou um sujeito largado, assim como muitos daqueles soldados traumatizados que fugiram para os mares do Sul depois da Segunda Guerra Mundial, mas tinha conseguido uma audiência no palácio real já no segundo dia de sua estada na ilha principal. No mesmo dia, ele presenteou a rainha Salote com seu barco e decidiu permanecer na ilha pelo resto de sua vida. Isso é muito espantoso: pois todos os relatos dos outros estrangeiros coincidem quando afirmam que era muito difícil obter uma audiência na corte tonganesa; era preciso tratar durante semanas com funcionários do palácio, entregar petições por escrito, além de enviar de antemão emissários ao palácio até se conseguir admissão.

O governo tonganês estava muito satisfeito em contar com um engenheiro em suas terras, explicou mais tarde Kauffmann a respeito de sua rápida aceitação. Logo no primeiro ano o posto de gerente das obras reais lhe foi oferecido. Mas ele não queria abrir mão de sua liberdade e preferiu trabalhar para o palácio como consultor e sem salário fixo. Pouco depois, a rainha Salote o adotou como filho.

Quer se acreditar que a casa real necessitava de conselheiros competentes; pois especialmente o príncipe herdeiro, futuro rei Taufa'ahau Tupou IV, sempre se esforçou, por meio das mais diversas ações, para conduzir seu reino a um futuro mais promissor. Certa vez ele reformou o alfabeto tonganês, eliminando as letras B e D, pois, de acordo com seu entendimento, P e T eram mais que suficientes. Em um segundo momento, teve planos de construir no aeroporto, com a ajuda da União Soviética, uma pista de pouso de 3 quilômetros de comprimento, para que mesmo os maiores jatos pudessem pousar diante da porta de sua casa. Então decidiu organizar um cultivo de azeitonas segundo moldes italianos, ou concorrer com a indústria baleeira do Japão. E quando nada disso deu certo, ele prospectou petróleo nas suas ilhas. Não se sabe de que tipo eram as consultorias prestadas pelo dinamarquês ao príncipe quixotesco. De qualquer maneira, nada indica que Preben Kauffmann tenha realizado grandes feitos como engenheiro em Tonga. O único testemunho de seu ofício é uma igreja em madeira, construída em estilo dinamarquês, na ilha principal, Tongatapu. Por outro lado, ele se tornou famoso como o ermitão branco que passava seus dias na praia de Tafahi solitário, sem passar necessidades e com a bênção da Casa Real.

Logo os nativos passaram a chamá-lo de "Tavi Maupiti", que quer dizer não só "O sopro que vem do mar", como também "o insuperável".

Não se sabe o que ele fez em Tafahi. Ele construiu, muito próximo à "Pedra de Fatuulu", uma plataforma de tábuas sobre uma árvore fruta-pão, se livrou de suas roupas, passou a se alimentar de mangas, cocos e raízes e ficou sem cortar cabelo ou barba durante anos. Se suas afirmações forem verdadeiras, ele não possuía qualquer ferramenta, exceto um facão, uma lupa, um canivete e uma colher de chá. Preben passava as noites e as horas mais quentes do dia em sua plataforma construída sobre a árvore.[1] Quando chovia, ele se abrigava em uma caverna rochosa, que ficava próxima, e onde também estava sua biblioteca.

Ele aguentou por dez anos esse estilo de vida de ermitão. Depois voltou à civilização, na ilha principal Tongatapu, a fim de servir à rainha Salote como conselheiro particular. Mas mesmo assim viajava ano após ano para Tafahi, com a bênção da rainha, para passar os seis meses mais quentes do ano na praia diante da Pedra de Tafuulu.

É preciso saber que Tafahi não é adequada como destino de férias no período do verão. Lá é terrivelmente quente e úmido, mais quente e mais úmido do que qualquer outro lugar no reino de Tonga; chove várias vezes ao dia e sempre há a ameaça de um furacão. Logo atrás da praia começa um matagal numa encosta, intransponível, e a pessoa fica sozinha e sem ter o que fazer. Embora seja verdade que as frutas da floresta caiam sozinhas na boca — há cocos, mangas e papaias para dar e vender —, permanece um mistério por que um jovem engenheiro da Dinamarca escolheu esta praia para passar sua vida, havendo tantos outros lugares no mundo. A mãe de Preben Kauffmann, que o visitou anos depois, teria dito que, em sua opinião, o lugar não era adequado nem para se morrer.

Quando Tavi ainda era jovem, nesse isolamento autoimposto, tinha vez ou outra o desejo de se casar. Ele confidenciou seu plano à rainha Salote; a monarca alertou-o dizendo que em Tonga a pessoa não se casa só com a noiva, mas com todo o clã, e que isso só levava a situações desagradáveis. Então, ele desistiu do casamento. Certa vez, caiu em tentação. Isso foi durante a seca do ano de 1969, quando o "Corpo de Paz" enviou a Tonga, como professora de inglês, uma americana de 24 anos chamada Tina Martin. Preben Kauffmann apaixonou-se pela bela Tina, que alguns anos antes havia recebido a coroa de "Miss Columbia" em sua escola secundária em Columbia, Carolina do Sul.* De brincadeira, a chamava às vezes de "minha noiva".[2] Mas ela lhe disse que ele se comportava e parecia muito com Jesus Cristo, e que ela tinha muito pouco de Maria Madalena. Preben retrucou dizendo que não era o devoto que ela achava que ele fosse. Seu contrato de professora terminou em outubro de 1971, e ela voltou para a Califórnia. Tina Martin acabou sendo a única mulher na vida de Preben Kauffmann. Ambos ainda trocaram cartas durante anos, mesmo quando Tina já estava casada havia tempos e era mãe de um filho. O contato se encerrou finalmente nos anos 1980.

---

*A escolha da rainha da beleza teria ocorrido no dia 22 de novembro, mas foi adiada por duas semanas porque JFK foi assassinado nesse mesmo dia em Dallas. Tina Martin, algum tempo depois, escreveu um conto sobre uma garota do Sul que tentou, no dia do assassinato de Kennedy, invocar Deus com suas preces para que ele permitisse que ela ganhasse o concurso de beleza. A história pode ser lida no site http://www.peacecorpswriters.org/pages/2003/0305/305wrwr-tm.html.

Quando os jornalistas perguntavam a Preben Kauffmann os motivos de seu isolamento, ele lhes dava as mais diversas explicações. Em 1987, explicou à revista tonganesa *Matangi Tonga* que tinha fugido para o outro lado do mundo quando jovem a fim de escapar da destruição atômica da iminente Terceira Guerra Mundial. "Percebi que não seria suficiente ir para a Austrália, que eu precisava achar um lugar ainda mais remoto, um lugar no qual nada houvesse, pelo qual alguém desperdiçaria uma bomba atômica."[3] É difícil imaginar uma explicação mais incongruente, pois fato é que se iniciaram os testes atômicos nos mares do Sul, dois anos depois da chegada de Preben Kauffmann. Em 1º de março de 1954 os Estados Unidos explodiram como teste, nas ilhas Marshall, uma bomba de fissão nuclear, que é mil vezes mais potente do que as bombas de Hiroshima e Nagasaki. Na sequência, durante quatro décadas, também a Grã-Bretanha e a França parecem ter usado o Pacífico para testes atômicos.

Não muito mais crível foi o motivo que ele deu ao repórter do jornal dinamarquês *Yillands Posten*: o clima tonganês era curativo para seu reumatismo nas articulações e sua tuberculose. O repórter, porém, não pôde deixar de notar que Kauffmann mal podia caminhar devido ao reumatismo e à falta de ar.[4]

Assim passava o tempo. Tavi passava a primeira parte do ano em Tafahi, junto à Pedra Fatuulu — há muito já rebatizada de "Pedra Tavi" —, o resto do tempo no sul do reinado, na corte de sua rainha e amiga fraternal, Salote. Não se pode afirmar que o clima lhe fosse especialmente agradável. Ele sofria de reumatismos e problemas cardíacos e, por ser vegetariano, alimentava-se somente de frutas e vegetais; com o passar dos anos, a carência de proteínas ficou evidente. Aos 68 anos, Tavi tinha chegado ao limite. Ele escreveu uma carta ao embaixador dinamarquês na Nova Zelândia, pedindo uma passagem de avião para voltar para casa, na Dinamarca.

Assim, no final de janeiro de 1992, após quase quarenta anos, ele sumiu sorrateiramente de Tonga, sem se despedir da família real e de seus inúmeros amigos. Trinta e seis horas de voo mais tarde, em 1º de fevereiro de 1992, ele desceu em Copenhague, onde fazia muito frio, vestido com uma camisa velha e uma jaqueta xadrez, além de uma saia florida polinésia masculina. Seus pés sem meias estavam enfiados em sapatos gastos, velhíssimos. Ele não tinha valores a declarar.

Ele encontrou abrigo em Skaelskør, na casa da irmã Elsbeth, que tinha permanecido solteira a vida toda e ainda morava na casa dos falecidos pais. A Previdência Social dinamarquesa tomou conta do filho perdido; Preben Kauffmann recebia uma aposentadoria mensal — provavelmente mais dinheiro do que jamais tivera em toda sua vida —, além de remédios para seu reumatismo e o coração fraco. Apesar disso, sua vida no frio hemisfério norte não foi feliz. Ele passava dias inteiros deitado na cama, e no primeiro ano ele chorou muitas vezes de saudades do calor e da amplidão dos mares do Sul. Ele passava frio e estava constantemente resfriado; o reumatismo só piorava. Exceto a irmã, não conhecia mais ninguém. Três anos depois de seu regresso, em 11 de abril de 1995, ele ingeriu uma dose exagerada dos comprimidos que deveriam fortalecer seu coração. O médico diagnosticou parada cardíaca.

Epílogo

Bem, isso é tudo. Um ano se passou desde aquela noite em frente ao Hotel Outrigger no alto de Apia. Atravessei a ilha a pé e agora tenho certeza de que Louis precisaria de no máximo três horas para cavalgar até a costa sul. Visitei os bisnetos dos amigos de Stevenson e conversei longamente com eles, mas infelizmente de nenhum obtive informações sobre uma pequena ilha vulcânica atrás do horizonte. Passei tardes inteiras em Vailima e descobri várias coisas interessantes. Por exemplo, que a adega, citada por inúmeros biógrafos, da qual Louis teria retirado uma garrafa de vinho da Borgonha no último dia de sua vida, simplesmente não existe — a casa está erguida sobre colunas e nunca teve porão no subsolo. E nem há qualquer outro cômodo semelhante a um porão no resto da casa. Embora isso seja interessante, não tem muita relação com tesouros de piratas e caçadores de tesouros. Não encontrei dobrões de ouro espanhóis em Vailima. De qualquer maneira, há um grande cofre no salão, e exatamente no mesmo lugar onde ficava na época de Stevenson. Evidente que está vazio e, além do mais — apesar das juras do guia do museu —, não tem qualquer semelhança com o cofre que aparece nas fotografias de família.

Então eu encontrei o riacho no qual Stevenson sempre tomava seu banho, e também me banhei ali. Subi a trilha íngreme do monte Vaea e passei uma hora junto ao túmulo de Stevenson, infelizmente sem qualquer sensação metafísica. Enquanto Nadja e as crianças pesquisavam durante dias e semanas os peixes "Nemo" da praia Vavau, percorri todas as bibliotecas de Samoa, incomodei cinco missionários e três professores universitários e espreitei dois ministros.

Em seguida, fui atrás de boatos que ninguém queria confirmar. Um deles diz que o rei de Tonga escondeu um tesouro em ouro do século XIX, oriundo de um naufrágio em frente às ilhas Ha'apai, vendendo-o por 300 milhões de dólares ao milionário japonês Sasakawa. Isso foi no começo dos anos 1990. Ou seja, bem na época em que Preben Kauffmann deixou os mares do Sul, para morrer pobre e tristíssimo (por não ter sido recompensado pelo achado?) em sua fria pátria. Infelizmente o milionário morreu nesse meio-tempo, e a Casa Real informou, pesarosa, que não tinha qualquer conhecimento nem de um tesouro em ouro nem de 300 milhões de dólares.

Cinco semanas foram o suficiente. As crianças tinham de voltar às aulas. Despedimo-nos e voltamos para casa.

O que ainda me aborrece é que naquela época não consegui pôr os pés no meu real destino, aquela praia no sul de Tafahi. Eu queria ter tocado na Pedra de Fatuulu, teria procurado a caverna onde Preben Kauffmann passou sua vida e teria tentado imaginar como os homens do capitão Thompson levaram as caixas do tesouro a remo para terra firme. Talvez depois do trabalho concluído — por que não? — eu teria me embrenhado um pouco mais na ilha. Infelizmente, porém, pouco antes da minha chegada aos mares do Sul, a Royal Tongan Airlines faliu — a única companhia aérea que às vezes voava de Tafahi com um pequeno bimotor. Deveria haver uma balsa, mas ela partia a cada seis semanas, e não de Samoa. Mesmo se eu tivesse abandonado minha família e seguido direto com a Air New Zealand para Tongatapu, ainda assim teria perdido a balsa por apenas 36 horas.

Um ano se passou desde então. As crianças cresceram. O mais velho agora tem uma namorada, o mais novo tirou as fraldas. Na verdade, queremos passar este verão em casa.

Mas cá estamos novamente. As crianças estão felizes de voltar aos seus peixes "Nemo". Nadja está feliz porque as crianças estão felizes. E eu estaria feliz caso a Royal Tongan Airlines voltasse a voar, ou se uma balsa surgisse no horizonte.

Praia Vavau, Samoa, 18 de julho de 2005.

"Prefiro biografias a ficção; ficção é livre demais. Na biografia temos um punhado de fatos, pequenas peças de um quebra-cabeça, e sentamos ali e pensamos e pensamos, tentando juntá-las desse ou daquele modo. De repente, levantamos e jogamos tudo no chão, protestamos mais uma vez e vamos dar um passeio para espairecer. E quando terminamos, temos a sensação satisfatória de realmente ter levado algo a cabo. Claro que nunca está tão concluído como o mais mísero dos romances, pois a contradição ilógica da vida não para de emergir dali, precisa emergir dali... Mas é exatamente aí que começa a graça."[1]

Robert Louis Stevenson
a Sir Edmund Gosse,
18 de junho de 1893

Agradecimentos

Este livro nunca teria sido escrito sem meu amigo Walter Hurni, de Blenheim, Nova Zelândia. Ele fez a palpitante descoberta, anos atrás, de que havia uma segunda ilha do Coco, não distante daquela Samoa de Robert Louis Stevenson. Foi muito generoso ao me explicar em longas conversas os resultados de anos de pesquisas nos mares do Sul, e sempre estava presente quando eu me sentia perdido.

Também devo agradecer ao dr. Richard Gissler, de Jülich, que disponibilizou as cartas de seu tio August; assim como a Patrick Moors, de Apia, neto do amigo de Stevenson, Harry Moors. Além disso, a Trevor Stevenson, sobrinho-tataraneto do escritor e advogado em Apia; a meu amigo Tom Rudnick, de Vavau, Samoa, pela hospitalidade e a ajuda no terreno diplomático do país. A Tina Martin de São Francisco, por nos conceder informações sobre seu amigo de juventude Preben Kauffmann; e aos muitos especialistas em universidades e bibliotecas que dividiram comigo seu conhecimento: Unasa Leulu Felise Va'a, professor de História, e Naumati Vasa, responsável pela disciplina de Entalhamento Tradicional e Mitologia na National University of Samoa, Apia; Dean Solofa, funcionário do Climate Scientific no Ministério da Agricultura samoano; reverendo Oka Fau'olo, presidente do Samoa Council of Churches; Roger G. Swearingen, destacado especialista em Stevenson em Santa Rosa, Califórnia; professor Richard Dury, Universidade de Bérgamo, Itália, cujo website (http://dinamico.unibg.it/rls/rls.htm) é o ponto de encontro mais importante para os stevensonianos do mundo todo; Yaye Tang e Lisa Cole, School of Oriental and African Studies, University of London; Liza Verity, National Maritime Museum, Greenwich, Londres; Kathy Wilkinson, Council for World Mission, Londres; Elaine Greig, curadora do "The Writer's Museum", Edimburgo; Chris Quist, curador do museu Stevenson em Monterrey, Califórnia; Don Clarke, diretor do Los Angeles Basin Geological Society e geólogo no Department of Oil Properties na administração municipal de Long Beach; William P. Stoneman e Florence Fearrington, Harvard Library Bulletin; Leif Møller, jornalista e biógrafo de Preben Kauffmann em Ry, Dinamarca; Slobodan Bob Milinovic, State Library of New South Wales, Sidney, Austrália; Nina Rothberg pelas pesquisas na Public Library of San Francisco, Califórnia; Namrata Krishna pelas pesquisas na UC Berkeley Library, Califórnia; e, finalmente, ao cantão Solothurn, que arcou com minhas passagens de avião para Londres, Edimburgo, Los Angeles e Samoa.

Notas

1 Pacificamente ancorado

1 *The Letters of Robert Louis Stevenson*. New Haven/Londres, 1995, volume 6, p. 334 e segs. Doravante citado como *Letters*.
2 *Letters*, vol. 6, p. 337.
3 William E. Clarke, "Robert Louis Stevenson in Samoa". In: *Yale Review*, janeiro de 1921, p. 275 e segs.
4 Harry Jay Moors, *With Stevenson in Samoa*. Londres, 1911, p. 4 e segs.
5 *Letters*, vol. 6, p. 346.
6 Ibidem, p. 347.
7 Cf. William E. Clarke, *Handschriftliche Jahresberichte*. No arquivo da Sociedade Missionária de Londres.
8 Notas manuscritas, arquivadas na Beinecke Rare Books and Manuscript Library, Yale University. Publicadas parcialmente em: Graham Balfour, *The Life of Robert Louis Stevenson*. Nova York, 1901, vol. 2, p. 102 e segs.

2 Um lugar realmente esplêndido

1 *Letters*, vol. 7, p. 59.
2 Ibidem, vol. 6, p. 360.
3 Ibidem, p. 393.
4 Fanny e Robert Louis Stevenson, *Our Samoan Adventure*. Nova York, 1955, p. 38.
5 *Baxter Letters*, p. 253: Carta de Fanny Stevenson a Mrs. Sitwell, p. 503-505.

6 Harry Jay Moors, *With Stevenson in Samoa*. Londres, 1911, p. 210.

7 Lloyd Osbourne, *An Intimate Portrait of Robert Louis Stevenson*. Nova York, 1924, p. 134 e segs.

8 Louis menciona a montanha de passagem numa carta de dezembro de 1891 a Sidney Colvin, em que relata sua procura por água potável. Cf. *Letters*, vol. 7, p. 22 e segs.

9 *Sydney Morning Herald*, 14 de fevereiro de 1890.

3 A história de Fanny e Louis

1 Robert Louis Stevenson, *My first book: Treasure Island*. In: *Works*, vol. 5.

2 Extraído de duas cartas de Fanny Osbourne para seu admirador californiano Timothy Rearden, datadas de 25 de julho e 13 de dezembro de 1876. Em posse do Silverado Museum, St. Helena, Califórnia. Apud: Margaret Mackay, *The Violent Friend. The Story of Mrs. Robert Louis Stevenson*. Nova York, 1968, p. 59, 64.

3 Carta de Isobel Osbourne. Apud: Margaret Mackay, ibidem, p. 57.

4 Sidney Colvin, *Memories and Notes*. Londres, 1921, p. 130.

5 Robert Louis Stevenson, *Travels With a Donkey in the Cévennes*. In: *Works*, vol. 1, p. 209.

6 Ibidem, p. 297 e segs.

7 Carta a Sidney Colvin. Inédita. Beinecke Collection, Yale University.

8 Robert Louis Stevenson, *The Amateur Emigrant*. In: *Works*, vol. 2, p. 234 e segs.

9 Carta a Sidney Colvin, 20 de agosto de 1879. In: *Letters*, vol. 3, p. 7 e segs.

10 Carta a Henley, agosto de 1879. In: *Letters*, vol. 3, p. 10.

11 George Bancroft, *History of the United States*, Boston, 1841. Louis comprou os seis volumes em 19 de

agosto de 1879, enquanto esperava pelo trem até a Califórnia.

12 Lloyd Osbourne, *An Intimate Portrait of Robert Louis Stevenson*. Nova York, 1921, p. 21.

13 Carta a Charles Baxter, 9 de setembro de 1879. In: *Letters*, vol. 3, p. 12.

14 Carta a Sidney Colvin, setembro de 1879. In: *Letters*, ibidem.

15 Robert Louis Stevenson, *The Old and the New Pacific Capital*. In: Works, vol. 2, p. 410.

16 Ibidem, p. 433.

17 *The San Francisco Call*, 31 de outubro de 1879, p. 1. Um artigo quase igual encontra-se no *Santa Barbara Daily Press*, 28 de outubro de 1879, p. 2.

4 A ilha do Coco

1 Capitão James Colnett, *A Voyage Into the South Atlantic and Round Cape Horn Into the Pacific Ocean*. Londres, 1798, p. 78. Fac-símile. Amsterdã / Nova York, 1968.

5 A ilha do Tesouro

1 *Letters*, vol. 3, p. 57.

2 Ibidem, p. 91.

3 Ibidem, p. 87.

4 Ibidem, p. 88.

5 Ibidem, p. 186.

6 Robert Louis Stevenson. *Treasure Island*. In: *Works*, vol. 5, p. 62.

7 Ibidem, p. 22.

8 Ibidem, p. 24.

9 Ibidem, p. 27.

10 Woggle: fontes para a mudança de nome de Walter, Woggle, Woggs, Woggy, Watty, Wiggs e Bogue: Willem George

Lockett, *Robert Louis Stevenson at Davos*. Londres, s/d, p. 58; Joseph C. Furnas, *A Voyage to Windward*. The Life of Robert Louis Stevenson. Nova York, 1951, p. 189; Hancock e Weston, *The Lost Treasure of Cocos Island*. Nova York, 1960, p. 39 e segs.

6 "Quero crer no melhor"

1 Carta de August Gissler de dezembro de 1888 a seu irmão Hermann. Do espólio, parcialmente administrado pelo neto de Hermann Gissler, dr. Richard Gissler, de Jülich.
2 *New York Times*, 20 de novembro de 1904.

7 O duende da garrafa

1 Uma primeira versão de *The Bottle Imp* tinha sido escrita por Louis no Havaí em maio de 1889, uma segunda no final de 1889, logo depois da chegada a Samoa. Foi inspirada na peça teatral homônima de Richard Brinsley Peake, que teve sua estreia em 1828 no English Opera House. A peça, por sua vez, baseia-se num conto de Hans Jacob Christoph von Grimmelshausen (1622-1676): *Trutz Simplex. Die Lebensbeschreibung der Erzbetrügerin und Landstörzerin Courasche* (1669), capítulos 18-22.
2 Robert Louis Stevenson, *The Bottle Imp*. In: *Works*, vol. 15, p. 402 e segs.
3 Ibidem, p. 155.
4 *Letters*, vol. 8, p. 155.

8 Onde está o tesouro?

1 Cf. John Martin, *An Account of the Natives of the Tonga Islands in the South Pacific Ocean*. Londres, 1817, vol. 2,

p. 91. Nas décadas seguintes cada vez mais aventureiros buscavam debaixo da água o acesso para uma caverna, na qual supostamente estava o tesouro do *Port au Prince*. E, na maioria das vezes, sem a necessária autorização policial, como o rei Taufa'ahau lembrou em sua biografia, e sem considerar que o dinheiro, por direito, era do reino de Tonga.

9 A aventuresca viagem de Willem Schouten e Jacob LeMaire

1 Essas pessoas eram: Jacob LeMaire, *Mirror of the Australian navigation. The Voyage of Jacob LeMaire and William Schouten*, 1615-1616. Amsterdã, 1754. Fac-símile. Sidney, 1999.

10 "Alguém tem um parafuso a menos?"

1 Graham Balfour, *The Life of Robert Louis Stevenson*. Nova York, 1901, vol. 2, p. 123.
2 Todas as citações são das cartas de Robert Louis Stevenson.
3 *Christchurch Press*, 24 de abril de 1893.
4 Lloyd Osbourne, *An Intimate Portrait of Robert Louis Stevenson*. Nova York, 1924, p. 130.
5 Fanny e Robert Louis Stevenson, *Our Samoan Adventure*. Nova York, 1955, p. 221.
6 *Letters*, vol. 8, p. 39 e segs.
7 Ibidem.
8 Ibidem, vol. 7, p. 249
9 Ibidem, vol. 8, p. 30
10 Ibidem, p. 95.
11 Ibidem, p. 39 e segs.
12 Ibidem, p. 39 e segs.
13 Ibidem.

11 Divina travessura

1 O chefe Maatu reportou tudo isso em 1921 ao etnólogo norte-americano Edward Winslow Gifford. Uma datação exata é impossível, já que os habitantes de Tafahi não conheciam uma medição precisa do tempo à época. Maatu lembra-se de que o acontecido se deu durante a regência de Ngogo, ou seja, no final do século XIX. Cf. Edward Winslow Gifford, *Tongan Society*. Honolulu, 1929, p. 314 e segs.

12 Raios e trovões

1 Fanny Stevenson, *The Cruise of the "Janet Nichol". A Diary by Mrs. Robert Louis Stevenson*. Londres, 1915, p. 2 e segs.

13 A ilha dos piratas

1 Graham Balfour, *The Life of Robert Louis Stevenson*. Nova York, 1901, vol. 2, p. 179.

2 O fragmento se manteve conservado para a posteridade em meio à coleção de anedotas de Arthur Johnstone, *Recollections of Robert Louis Stevenson in the Pacific*. Londres, 1905, p. 309.

14 "Estou parecendo estranho?"

1 Cf. *Letters*, vol. 8, p. 401 e segs. Do diário de Belle Strong. Para o enterro de Stevenson, ver também Nelson Eustis, "R.L. Stevenson's Days in Samoa". In: Aggie Grey of Samoa. Adelaide, 1970.

15 O duende da garrafa segue seu curso

1 Cf. *The New York Times*, 22 de setembro de 1936.
2 Cf. *The New York Times*, 23 de maio de 1947.
3 Cf. Lloyd Osbourne, *20 Letters to Isobel Field, July-December 1940*. Inédito. Bancroft Library, University of California, Berkeley, Califórnia.

16 O sopro que veio do mar

1 Entrevista em *Matangi Tonga*, setembro/outubro de 1987.
2 Correspondência entre Tina Martin e o autor, setembro/outubro de 2004.
3 Entrevista em *Matangi Tonga*, setembro/outubro de 1987.
4 Entrevista em *Yillands Posten*, domingo, 6 de janeiro de 1991.

Robert Louis Stevenson a Sir Edmund Gosse

1 *Letters*, vol. 8, p. 104.

Bibliografia consultada

Baarslag, Karl. *Islands of Adventure*. Nova York, 1940.

Balfour, Graham. *The Life of Robert Louis Stevenson*, 2 vols. Nova York, 1901.

Banfield, M.A. *The Health Biographies of Alexander Leeper, Robert Louis Stevenson and Fanny Stevenson*. Moodbury, South Australia, 2001.

Bathurst, Bella. *The Lighthouse Stevensons*. Londres, 1999.

Beer, Karl-Theo. *Samoa — eine Reise in den Tod. Briefe des Obermatrosen Adolph Thamm, S.M. Kanonenboot Eber 1887-1889*. Hamburgo, 1994.

Bell, Ian. *Dreams of Exile. Robert Louis Stevenson: A Biography*. Nova York, 1992.

Bermann, Richard A. *Home from the Sea. Robert Louis Stevenson in Samoa*. Indianapolis/Nova York, 1939.

Bohn, Robert. *Die Piraten*. Munique, 2003.

Booth, Bradford A. "The Vailima Letters of Robert Louis Stevenson". In: *Harvard Library Bulletin*, abril 1967.

Cairney, John. *The Quest for Robert Louis Stevenson*. Edimburgo, 2004.

Calder, Jenni. *RLS. A life study*. Glasgow, 1980.

______. *The Robert Louis Stevenson Companion*. Edimburgo, 1980.

Caldwell, Elsie Noble. *Last Witness for Robert Louis Stevenson*. Norman, 1960.

Clarke, William E. "Robert Louis Stevenson in Samoa". In: *Yale Review*, janeiro 1921.

Cleator, Philip Ellaby. *Treasure for the Taking*. Londres, 1960.

Colley, Ann C. *Robert Louis Stevenson and the Colonial Imagination*. Hampshire/Burlington, 2004.

Colnett, James. *A Voyage Into the South Atlantic and Round Cape Hoorn Into the Pacific Ocean.* Londres, 1798. Fac-símile, Amsterdã/Nova York, 1968.

Colvin, Sidney (org.). *The Letters of Robert Louis Stevenson to his Family and Friends.* Nova York, 1902.

Colvin, Sidney. *Memories and Notes.* Londres, 1921.

Disch-Lauxmann, Peter. *Die authentische Geschichte von Stevensons "Schatzinsel".* Hamburgo, 1985.

Eustis, Nelson. "R.L. Stevenson's Days in Samoa". In: *Aggie Grey of Samoa.* Adelaide, South Australia, 1970.

Eustis, Nelson. *The King of Tonga. A Biography.* Adelaide, 1997.

Field Osbourne Strong, Isobel. *This Life I've Loved.* Nova York, 1937.

______. "Vailima Table-Talk. Robert Louis Stevenson in his Home Life". In: *Scribner's Magazine.* Nova York, junho 1896.

Fitzpatrick, Elayne Wareing. *A Quixotic Companionship. Fanny and Robert Louis Stevenson.* Monterrey, 1997.

Fletcher, Brunsdon. *Stevenson's Germany. The Case Against Germany in the Pacific.* Londres, 1920.

Fraser, Marie. *In Stevenson's Samoa.* Londres, 1895.

Furnas, Joseph C. *Voyage to Windward. The Life of Robert Louis Stevenson.* Nova York, 1951.

Gifford, Edward Winslow. *Tongan Society.* Honolulu, 1929.

______. *Tongan Myths and Tales.* Honolulu, 1924.

Gilson, Richard Phillip. *Samoa 1830-1900. The Politics of a Multi-cultural Community.* Melbourne, 1970.

Grift Sanchez, Nellie van de. *The Life of Robert Louis Stevenson.* Nova York, 1920.

Hancock, Ralph; Weston Julian. *The Lost Treasure of Cocos Island.* Nova York, 1960.

Harman, Claire. *Robert Louis Stevenson: A Biography.* Londres, 2004.

Hellman, George S. *The True Stevenson. A Study in Clarification.* Boston, 1925.

______. "R.L.S. and the Streetwalker". In: *The American Mercury,* julho 1936.

Issler, Anne Roller. *Happier for his Presence. San Francisco and Robert Louis Stevenson.* Stanford University Press, 1940.

Heyerdahl, Thor. *Kon Tiki. Ein Floß treibt über die Pazifik.* Oslo, 1948.

Johnstone, Arthur. *Recollections of Robert Louis Stevenson in the Pacific.* Londres, 1905.

Knight, Alanna. *Robert Louis Stevenson Treasury.* Londres, 1985.

LeMaire, Jacob. *Mirror of the Australian Navigation. The Voyage of Jacob LeMaire and William Schouten, 1615-1616.* Amsterdã, 1754. Fac-símile, Sidney, 1999.

Lockett, Willem George. *Robert Louis Stevenson at Davos.* Londres, s/d.

Mackay, Margaret. *The Violent Friend: The Story of Mrs. Robert Louis Stevenson.* Nova York, 1968.

Martin, John. *An Account of the Natives of the Tonga Islands in the South Pacific Ocean. With an Original Grammar and Vocabulary of their Language. Compiled and Arranged from the Extensive Communications of Mr. William Mariner, Several Years Resident in Those Islands.* 2 vols. Londres, 1817.

McLynn, Frank. *Robert Louis Stevenson.* Londres, 1993.

Moors, Harry Jay. *With Stevenson in Samoa.* Londres, 1911.

______. *Some Recollections of Early Samoa.* Apia, 1986.

Neider, Charles (org.), Fanny and Robert Louis Stevenson, *Our Samoan Adventure.* Nova York, 1955.

Osbourne, Katherine Durham. *Robert Louis Stevenson in California.* Chicago, 1911.

Osbourne, Lloyd. *An Intimate Portrait of Robert Louis Stevenson.* Nova York, 1924.

______. "Mr. Stevenson's Home Life in Vailima". At: *Scribner's Magazine.* Nova York, outubro 1895.

______. *20 Briefe an Isobel Field, Juli-Dezember 1940.* Inédito. Bancroft Library, University of California, Berkeley, Califórnia.

Pekalkiewicz, Janusz. *Da liegt Gold. Verbogene Schätze in aller Welt.* Stuttgart, 1997.

Platt, Cameron; Wright, John. *Treasure Islands. The Fascination World of Pirates, Buried Treasures and Fortune Hunters*. Londres, 1992.

Riedel, Otto. *Der Kampf um Deutsch Samoa. Erinnerungen eines Hamburger Kaufmanns*. Berlim, 1938.

Rutherford, Noel. *Friendly Islands. A History of Tonga*. Melbourne, 1977.

Saint-Martin, Vivien de. *Nouveau Dictionnaire de Géographie Universelle*. Paris, 1879.

Sibree, James. *Register of L.M.S. Missionaries*. Londres, 1923.

Solf, Wilhelm Heinrich (org.). *The Cyclopedia of Samoa (Illustrated)*. Sydney, 1907.

Steuart, John Alexander. *Robert Louis Stevenson. A Critical Biography*. Boston, 1924.

Stevenson, Fanny. *The cruise of the "Janet Nichol". A Diary by Mrs. Robert Louis Stevenson*. Londres, 1915.

Stevenson, Robert Louis. *The Works of Robert Louis Stevenson*. Vailima Edition. 26 vols. Londres, 1922.

______. *The letters of Robert Louis Stevenson*. 8 vols. New Haven e Londres, 1995.

______. *Letters and Miscellanies. Correspondence Addressed to Sidney Colvin November 1890 to October 1894*. Nova York, 1904.

______. *Letters to Charles Baxter*. New Haven, 1956.

Swearingen, Roger G. *The Prose Writings of Robert Louis Stevenson. A Guide*. Hamden, Connecticut, 1980.

Terry, Reginald Charles. *Robert Louis Stevenson. Interviews and Recollections*. Iowa, 1996.

Theroux, Joseph. "Rediscovering 'H.J.M', Samoas 'Unconquerable' Harry Moors". In: *Pacific Island Monthly*, agosto e setembro 1981.

Weiner, Michael A. *Secrets of Fijian Medicine*. Edição do autor. Berkeley, 1980.

Watson, Robert Mackenzie. *History of Samoa*. Auckland, 1918.

Whitmee, S.J. "Tusitala. R.L.S. — A New Phase". In: *The Atlantic Monthly*, março 1923.

Wilson, Derek. *The world atlas of treasure*. Londres, 1981.
Woodhead, Richard. *The strange case of R.L. Stevenson*. Edimburgo, 2001.

Impressão e Acabamento:
Geográfica editora